人を〝資源〟と呼んでいいのか

「人的資源」の発想の危うさ

吉田敏浩

現代書館

人を〝資源〟と呼んでいいのか＊目次

＊本文中の敬称は省略させていただきます。

序章　自殺した自衛官とその両親が訴えるもの

洋上の護衛艦「さわぎり」艦内で

一冊の献血手帳がここにある。宮崎県赤十字血液センターによる再発行のスタンプが押され、その日付は平成一五（二〇〇三）年九月二四日になっている。

献血記録の欄には、計五回の献血の年月日と献血場所と献血量が記されている。最初は平成七年七月二四日、宮崎において二〇〇ミリリットル。第二回が平成九年五月一〇日、第三回が同年九月三日、第四回が平成一一年三月二三日で、いずれも佐世保において四〇〇ミリリットルと書かれている。最後は平成一一年九月八日、長崎で血小板を献血とある。献血者は男性で、血液型はO型である。生年月日は昭和五三（一九七八）年一一月八日だから、初めての献血のとき一六歳八カ月あまりで、最後に献血をしたのが二〇歳一〇カ月のときである。

「あの子は、高校二年生のときに初めて献血をし、海上自衛隊に入ってからも続けていて、そして亡くなるちょうど二カ月前にも献血していたんですね。そのときは献血手帳を持っていなかったので、後日、記録を献血手帳に記入してもらってくださいという葉書が来ました。でも、本人がもういなくなってしまったので、そのままになっていたんです……。ですが、私と夫は親として、息子の生きた足跡を何でも、少しでも残してあげたくて、献血手帳を再発行してもらいました……」

手にした献血手帳に目を落としながら語るのは、宮崎市郊外に住む鈴木佳子（仮名／六二歳）である。

その三男で、海上自衛官（三等海曹）だった鈴木秋雄（仮名）が自ら命を絶ったのは、一九九九年一一月八日、紀伊半島潮岬の南方、北緯二九度五八分・東経一三五度二〇分の太平洋上を演習航海中の護衛艦「さわぎり」艦内であった。午前一〇時一分頃、船底部の右舷にある軸室（エンジンの動力を伝えるシャフトの通っている部屋）で、ロープで首を吊っていたのを発見された。まだ体温はあるものの脈拍はすでになく、心肺停止状態だった。心肺蘇生処置を受けたが助からず、午後一時一四分、死亡が確認された。

最後に献血をした日からちょうど二カ月後、身の内を巡り続けてきた血液の循環はそこで途絶えてしまった。その日は、彼の二一歳の誕生日だった。

我が子の突然の自死を、佳子は「さわぎり」の副長から自宅にかかってきた電話で知らされた。体中の血が逆流するようになり、気が遠くなった。信じられぬ思いのまま、夫の洋二（仮名／七三歳）が運転する車で長崎県佐世保市に向かった。「さわぎり」の所属は海上自衛隊佐世保基地で、翌一一月九日の早朝に帰港するとの連絡があったからだ。息子は同い年の妻とまだ一歳の長男とともに、佐世保にある自衛隊官舎で暮らしていた。夜、官舎に着くと、部屋には息子の妻とその両親ら親族が集まっていた。

明くる朝七時半、遺族の一行は海上自衛隊佐世保地方総監部を訪ねたが、そこで二時間ほど待たされる。「さわぎり」はすでに着岸していたが、遺族との対面よりも先に自衛隊警務隊による検死作業がおこなわれていた。

そのことを知らされぬまま焦慮のときを強いられ、ようやく乗艦できたとき、我が子の名を呼ぶ叫びが佳子の口を衝いて出た。遺体は医務室で、金属製の箱のなかに制服姿で横たえられていた。線香も供えられていなかった。

「私は、子どもがかわいそうで、かわいそうで、狂いそうでした」

佳子は冷たくなった息子の体をかき抱いて泣いた。

いじめと自殺

鈴木秋雄は小さい頃、動物や植物が大好きで、中学時代は水泳とバレーボールが得意だった。転校した中学校では一時期、上級生にいじめられ、殴られてけがをしたこともあるが、ひるまずに向かっていったという。高校は宮崎市にある県立の進学校に入り、水泳とボクシングにも励んだ。

敬愛する従兄が防衛大学校生だったこともあり、少年の頃から自衛隊への憧れを抱いていた。高校二年生のとき、「社会の役に立つ男らしい仕事をしたい」との思いから、卒業後の進路を海上自衛隊一般海曹候補学生へと定めた。

海曹候補学生は、一般の任期制自衛官よりも早く、階級が海士から海曹に上がる特別コースである。

それだけに入隊試験の競争率は十数倍という高さだった。秋雄は受験勉強に打ち込んで合格し、一九九七年四月、海上自衛隊佐世保教育隊に入隊した。二年間の厳しい訓練と学習と乗艦実習を終え、三等海曹にも昇任し、九九年三月、「さわぎり」の機関科に配属された。

このように自衛官の道に希望を持って進んできた若者が、なぜ二一歳の誕生日に自ら命を絶つことになったのであろうか。妻と幼い子を後に残して。両親にも先立って。

「息子はその年の九月頃から、機関科の二人の班長からいじめられると悩みを漏らしていました。まだ教わっていない作業を同僚や後輩など人前で命じられて、できないと、『お前はバカだ』『三曹の資格はない』『艦にはお前なんか要らない』などと罵られると言っては落ち込んでいました。また、宮崎県名産の高価な焼酎を暗に要求され、『お前はできが悪いから俺の立場がない。俺の顔に泥を塗るな』とも言われたそうです。息子は『僕はいま蛇ににらまれた蛙だよ』とまで口にしていました。私は電話で話をするたびに息子を励ましていましたが、心配でなりませんでした」と、佳子は語る。

一九九九年一一月二日、最後の航海に出る前夜、「明日から二四時間やられる。二四時間だからね……」と、か細く電話口から漏れてきたのが、結局、我が子の声を聞いた最後になった。

「息子が自殺したのは、いじめられて精神的に追い詰められたからにちがいありません」

秋雄の自殺から半年後に公表された、海上自衛隊の事故調査委員会報告書（以下、報告書）によれば、秋雄は最後の航海中、「眠れない」「集中できない」「落ち着く所がない」と発言しており、亡くなる日の朝、軸室でロープを手にしている姿を一旦は同僚に目撃された。声を掛けられて軸室を出たが、その直後に医務室前で同じ同僚とまた顔を合わせ、「変なことを考えるなよ」と言われて、別れている。そして約一時間後、軸室で首を吊っているのを発見された。

しかし、自殺の原因について報告書は、「遺書もなくその原因を特定するには至らなかった」としたうえで、こう結論づけている。

「三等海曹という階級と、それに見合う自己の技能練度との乖離に苦悩し、あせりを徐々に募らせていった状況が認められ、この心理的葛藤が本事故の大きな要因の一つであると判断される。……(略)……。事故者はこのような仕事上の悩みを上手に解決する、あるいは軽減することができる方策に思い至らず自殺に至ったものと推定される」

そして、「遺族から訴えのあったいわゆる『いじめ』については、その事実は認められない」と否定し、「技能訓練についても事故者に対し、行き過ぎた指導、あるいは、事故者のみを対象とした厳しい指導がおこなわれた事実は認められない」と断定している。

自衛隊への不信から裁判へ

しかし、この報告書は「さわぎり」乗員の話を中心に作成されており、いじめがあったという遺族の話は反映されていない。あくまでも自衛隊の内部調査だ。秋雄が技能不足だったとの結論も、いじめの当事者とされる班長などの評価を基に出されている。関係者のプライバシーを理由にした白塗りの不開示部分も多すぎる。

「遺書はなかったとされていますが、私たち遺族にとっては信じられないのです」と、母親の佳子が指摘するのは、遺留品の取り扱いに関する自衛隊側のずさんさである。

自衛隊の「隊員の分限、服務等に関する訓令」第二三条は、「部隊、艦船等の長は、隊員（艦船内にある隊員以外の者を含む）が死亡し、又は所在不明になったときは、遅滞なく、本人の親族、友人その他適当な者二名以上を立ち会わせて、その遺留品を取り調べたうえ、遺留品目録を作らなければならない」と定めている。

ところが、遺族が「さわぎり」に乗艦して遺体と対面した一一月九日、遺留品は遺族の知らぬまにすでに自衛隊側がまとめて段ボール箱に詰め、遺族送迎のマイクロバスに積まれていた。明らかに、親族の立ち会いのもとに遺留品を取り調べるという規定の主旨に反している。遺留品とともに遺留品目録も遺族に渡さなければならないのに、それが渡されたのは一週間後であった。

しかも、手帳など遺留品の一部が遺族に知らされぬまま警務隊に保管され、遺族に渡されたのは一週間後だった。遺書が書かれていた可能性もあるその手帳は、四ページ分が切り取られていたのだが、報告書では、「手帳に関しては、遺書の捜索で数人が扱っているが、誰もページの欠落には、気づいておらず、遺族の抗議を受けて初めて知ったのが実状である。従って、手帳のページが破られていることについて、いつ、誰が、何の目的で破ったのかは究明できなかった」として、曖昧なままである。この「遺書の捜索」も乗員によるもので、遺族が立ち会っていたわけではない。

さらに秋雄が乗っていたバイクのキーが、遺留品のなかに見当たらず、目録からも漏れていた。遺族が再三問い合わせたにもかかわらず、三週間もの間、所在が不明だった。しかし実際は、自衛隊側が保管していたのである。放置バイクにならないよう基地の駐車場から官舎に移動させるためで、遺族に渡すのは忘れていたと、後で説明されたが、手帳の件と同じように遺族の疑念は解けていない。遺族としては、バイクに付いた収納箱に遺書のようなものが入っていたかもしれないと考えずにはいられないのである。

このように遺留品をめぐる自衛隊側の処置と対応は、遺族の不信感を募らせた。また、仮通夜と通夜の席で遺族は複数の「さわぎり」乗員から、艦内でいじめがあったことを聞いている。だが報告書は、いじめはなかったと断定した。それを遺族は自衛隊側の一方的な決めつけで、もの言えぬ死者にすべて責任を負わせようとするものだと受けとめた。

こうした自衛隊側の姿勢は遺族の心を傷つけた。鈴木夫妻は憤りを覚えるとともに、人の命の重さよりも組織の論理を優先させる自衛隊の閉鎖的な体質をそこに感じとった。

「希望を抱いて入った自衛隊で心を傷つけられ、自殺は本人が無能で弱かったせいだと決めつけられた息子が不憫でなりません」（佳子）

「教育隊の入隊式で、司令が『大切なご子息をお預かりしますが、必ず立派な自衛官・人間に育てるのでご安心ください』と話されたことを覚えています。この約束はいったいどうなったのでしょうか。これまで何の釈明もありません。自衛隊は育てるどころか、息子は周りから心をずたずたにされて、命までも断たれてしまいました」（洋二）

当初は、自衛隊に対して裁判を起こすことなど考えてもいなかった夫妻だが、二〇〇一年六月七日、国を相手取って真相究明と謝罪と一億円の慰謝料などを求め、長崎地方裁判所佐世保支部への提訴に踏み切った。

組織の視点に立った判決

裁判で原告側は、「いじめで精神的に追いつめられて鬱病になり、自殺に至ったことは、その言動からも明らかで、何ら対策を取らなかった自衛隊は安全配慮義務違反だ」と訴えた。また、いじめを無くし、自衛官の人権を保障するためには、ドイツなどのように議会に属し強力な監察権を持つ軍事オンブズマン制度を導入し、外部から閉鎖的な体質を変えていく必要があるとして、同制度の創設を求めた。

「息子と同じような犠牲者が出るのを繰り返させないために」と佳子は言う。

一方、被告の国側は自衛隊の報告書を根拠に、「いじめの事実はなく、本人が技能不足に悩んだ末に自殺したもので、その言動も自殺を示唆するほどではなく、自衛隊側に安全配慮義務自体が存在しない」と主張した。いじめの当事者と目された班長ら「さわぎり」乗員も証言台に立ったが、口々に「いじめはなかった」と語った。

公判やその他の手続きがある度に、夫妻は宮崎から佐世保に車で通い、四年間で二三回に及んだ。膨大な裁判関連の書類や自衛隊関係の新聞切り抜きなど資料ファイルも増え続ける。それらは、息子の遺影を飾った仏壇のある自宅の居間に、整理して並べてある。

二〇〇五年六月二七日、判決が言い渡された。その要旨（人名だけ仮名に変えた）は以下のとおりで、原告である両親の請求は棄却された。

「上官らに一部、鈴木秋雄を侮辱し、ばかにする不適切な言動があった。鈴木は上官らの発言によって精神的苦痛を感じていたと推察される。しかし、鈴木の仕事上の実力は芳しいものではなく、自衛隊員として艦の安全航行に関わる重要な作業をおこなう立場にある関係上、ある程度の厳しい指導・教育にさらされるのはやむをえない。上官らの不適切な言動も含めた指導・教育の過程を全体としてみる限り、社会的に相当な範囲を逸脱しているとまでは言えず、違法・不当ないじめ行為があったとは認められない。

自己の能力不足を嘆く鈴木は、上官らによる厳しい指導・教育が続くなかでストレスを募らせ、慢性的な睡眠不足の状況下、過剰ともいえる勉強を繰り返した結果、精神的疲労を募らせた。演習航海に出たことによる精神的な圧迫感や閉塞感も手伝って、精神的な疲弊状態を一層悪化させ、自ら命を絶ったと推察される。

鈴木の様子から自殺の可能性があることまで予見するのは困難で、上官らに自殺を防止すべき安全配慮義務違反があったとは言えない」

判決後、防衛庁（現防衛省）は「防衛庁の主張が認められ、裁判所の理解が得られたものと評価している」というコメントを出した。

判決では、上官らの「不適切な言動」が指摘されながらも、それが「厳しい指導・教育」の枠内に位置づけられ、いじめの存在は否定された。しかし、「厳しい指導・教育」というが、される側の当人がいじめだと深刻に受けとめていた点からして、職務上の地位の差を背景にしたパワーハラスメント（職務上の地位と職権の差を基に部下の人格と尊厳を傷つける行為）の一種ではないか。これでは、当人の気持ちを無視して、個人を歯車のように使う組織の側の視点に立った判決だとしか思えない。技能不足という点についても、自衛隊側の主張ばかり取り入れられた結果の判断であろう。

「とても残念な判決です。自衛官一人ひとりが人間として大切にされていません」（佳子）

判決に納得できない両親は、二〇〇五年一一月、福岡高裁に控訴した。

人間を資源というのはおかしい

防衛省によると、一九九九年度から二〇〇八年度までの自衛官の自殺者数は、六二人、七三人、五九人、七八人、七五人、九四人、九三人、九三人、八三人、八三人である。一九六〇、七〇年代の年間二〇〜三〇人程度と比べると激増している。自殺の原因として防衛省側が推定し分類しているのは、病苦、借財、家庭の悩み、職務上の悩み、その他不明である。いじめという分類はないが、「その他不明」に括られているのではないか。

「年度別の自衛官の自殺者数の表を見ていると、数字になった、いえ数字に変えられた我が子を目の当たりにする思いで、苦しく、狂いそうです。子を失った親は狂ってしまうか、立ち上がるかしかない。のたうちまわる自分と向き合って立ち上がるしかない。そう考え続ける毎日です……。同じようなことが繰り返されないためにも、真実を明らかにし、国の責任を問い続けたいと思います」

こう語る鈴木佳子が、気がかりな言葉があるという。それは「人的資源」である。息子が自殺してから、熱心に自衛隊関連の情報をチェックするようになった佳子は、NHKのテレビ番組『日曜討論』(二〇〇三年六月八日)で、自衛隊のイラク派遣問題をめぐる与野党国会議員の討論を見ていて、その言葉を知った。自衛隊イラク派遣の推進者、山崎拓自民党幹事長(当時)が、

「自衛隊という資源を、人的資源を我々が持ってる以上、しかもそれに膨大な予算を費やして維持してるわけだから、それを国際貢献に使わないという手はないわけで」と発言したのである。それを聞いて佳子は、強い違和感と疑問を覚えたという。

「資源というのは消費するものですよね。人間を資源というのはおかしい。自衛官を使い捨てにするような発想が表れていると思います」

彼女は、我が子の痛ましい死と自衛隊という組織の壁に向き合うことを通して得た鋭敏な直覚によって、国家に潜む人命軽視の体質を見抜いたのである。

それから佳子は、「人的資源」という言葉が気になって調べたら、それが国家総動員法のなかに出てくるのを知った。確かに国家総動員法(一九三八年制定)の第一条には、

「本法ニ於テ国家総動員トハ戦時(戦争ニ準ズベキ事変ノ場合ヲ含ム以下之ニ同ジ)ニ際シ国防目的達成ノ為国ノ全力ヲ最モ有効ニ発揮セシムル様人的及物的資源ヲ統制運用スルヲ謂フ」とある。

ここでは人間は、人格も意思も認められず「統制運用」される対象として物資、「物的資源」と同様に扱われている。「人的資源」の発想は、かつて国民を戦争に駆り立てたあの国家総動員法とつながりがあるのではないか。

安倍晋三元首相も二〇〇七年五月二二日の参議院外交防衛委員会で、「人的資源」という言葉を使っている。米軍再編に伴う、沖縄県名護市辺野古沖での在日米軍の新基地建設計画の現地調査に、海上自衛隊の掃海母艦「ぶんご」が出動し、自衛隊員が潜水調査に参加した問題についての答弁である。

「現地調査の実施は、主として民間業者によるほか、限られた期間内で作業を安全かつこれは円滑に実施をしていく必要がありました。その観点から、海上自衛隊が持っている潜水能力等を活用して協力を行なったものであります。言わば国の資源を有効活用したということで御理解をいただきたいと思うわけでございます。そういう能力を持っている言わば人的資源があるわけでございますから、それを活用したと、こういうことでございまして……」

「人的資源」。いったいこの言葉は、いつから、どのようにして使われるようになったのだろうか。心に痛手を負ったひとりの母親の思いを導きの灯として、ひとまず歴史の坑道を辿ってみたい。

第一章　国家総動員法と「人的資源」の歴史

一　密かに進む国家総動員計画と資源局

驚くべき「資源分類表」

初めてその表を見たとき、私は思わず目を疑った。

それは「暫定総動員期間計画ニ包含スベキ資源分類表」（以下、「資源分類表」／『国家総動員史』上巻、石川準吉著、国家総動員史刊行会、一九八三年、一八二～一九四頁）というもので、満州事変が起きる前年の、一九三〇（昭和五）年四月一日に、時の浜口雄幸（民政党）内閣で閣議決定された「暫定総動員期間計画設定ニ関スル方針」に添えられた表である。

表中の「資源番号」と「資源名」はまだまだ長く続く。電気機械器具・光学機械器具・時計・医療機械・鉄道車輌・造船・航空機・自動車・武器・曹達《ソーダ》・医薬品・石油・火薬爆薬・塗料・人絹・ゴム製品・裁縫・毛織物・皮革製品など様々な工場の職工、さらに金属鉱山採鉱夫、石炭山採炭夫、船員、

資源番号			資源名
第一			人員及団体
一一			官公署所属ノ労務者
	〇一		警察職員
	〇二		消防職員
一三			工場及事業場従業者
	〇一		技術職員
		〇一	機械工場技術職員
		〇二	造船工場技術職員
		〇三	鉱山技術職員
		〇四	冶金工場技術職員
		〇五	化学工場技術職員
		〇六	電気工場技術職員
	一一		金属粗材工場職工
		〇一	製鋼工場職工
		〇二	鋼材工場職工
		〇三	鋼鋳物工場職工
		〇四	銅材工場職工
	一二		金属成品工場職工
		〇一	錨鎖工場職工
		〇二	鋼索工場職工
		〇三	製鑵工場職工
		〇四	金属板製品工場職工
	一三		一般機械工場職工
		〇一	蒸汽罐工場職工
		〇二	蒸汽機械工場職工
		〇三	内燃機関工場職工
		〇四	其ノ他ノ動力機械工場職工
		〇五	機械部分品工場職工

自動車運転手、無線通信有技者、医師、歯科医師、薬剤師、獣医師、蹄鉄工などが列挙されている。職工とは工場労働者のことで、戦前・戦中に一般的に使われていた言葉である。

人も物も同じく国家の資源に

これはいったい何だ……。人間が七三の職種ごとに細かく分類されて通し番号を付けられ、資源として扱われている。しかも「資源番号」の第二は、「物資」になっている。

ここでは家畜も物資とされている。馬は軍馬用であろう。馬鈴薯の後には、魚類や貝類といった水産食糧品、牛肉や豚肉など畜産食糧品、缶詰、塩、砂糖と並んでいる。

次に来る「資源名」は原料材料で、鉄、鋼、黄銅、白金、鉛、亜鉛、錫、ニッケル、アルミニウム、水銀……と延々と続き、鉱物だけでなく硫酸や塩酸など化学薬品、医薬品、ゴム、皮革類、繊維類、木材など多岐にわたっている。挙げられた原料材料は全部で八五種類もある。

さらに旋盤など工作機械器具、ディーゼル・エンジンなど内燃機関、電線、フィルム乾板、鋼索、

第二			物資
二一			家畜
	○一		馬
		○一	明四才以上牡馬
		○二	明四才以上牝馬
		○三	明三才以下牡馬
		○四	明三才以下牝馬
		○五	種牡馬
		一一	朝鮮馬
	○二		驢馬
	○三		騾馬
二二			食糧（飼料ヲ含ム）
	○一		穀類
		○一	米
		○二	大麦
		○三	小麦
		○四	裸麦
		○五	燕麦
		○六	粟
		○七	蕎麦
	○二		其ノ他ノ農産食糧品
		○一	大豆
		○二	甘薯
		○三	馬鈴薯

＊原典の表は縦書きだが、本書では横書きにした。

石炭、石油、電力といった「資源名」が並び、工場及諸事業場としては製鉄、電動機、光学機器、通信機器、造船、航空機、自動車、武器、染料、ゴム製品、燃料油など四一種類の工場が列挙されている。

運輸施設としては鉄道、船舶、港湾、自動車と記されており、それも客船や貨物船や漁船、乗用自動車、貨物自動車など細かく分類されている。港湾は横浜港や神戸港や下関港など具体的に一〇カ所挙げられている。

この膨大な「資源分類表」において人間は、家畜や食糧、鉱物、機械、燃料、工場、乗物、鉄道、港などと同列に、国家の資源として扱われているのである。

国家総動員計画と資源局

「資源分類表」を含む「暫定総動員期間計画」を作成したのは、資源局という官庁であった。一九二七（昭和二）年五月二七日、勅令《ちょくれい》として公布された資源局官制の第一条には、次のような規定がある。

「資源局ハ内閣総理大臣ノ管理ニ属シ左ニ掲グル事務ヲ掌ル
一　人的及物的資源ノ統制運用計画ニ関スル事項ノ統轄ノ事務
二　前号ノ計画ノ設定及遂行ニ必要ナル調査及施設ニ関スル事項ノ統轄ノ事務
三　前二号ノ統轄ノ為ニ必要ナル事項ノ執行ノ事務」（『国家総動員史』資料篇第三、石川準吉著、

国家総動員史刊行会、一九七五年、一七頁）

資源局は戦争に備えて国家総動員体制を構築するための中央機関として発足した。資源局が一九三〇年に作成した文書「資源の統制運用準備施設に就いて」では、資源と統制運用はこう定義されている。

「茲《ここ》に資源とは国力の源泉を謂《い》ふのである。随って資源の綜合は即ち潜在的の国力其《そ》れ自身である。斯《か》かるが故に所謂《いわゆる》資源は其の範囲極めて広汎であって、人的物的有形無形に亙《わた》り、依って以て国力の進展に資すべき一切の事物を包擁するのである。而《しか》して其の統制運用とは資源利用の過程に適切なる規整を加えて、其の最大能率を発揮せしむることを謂ふのである。換言すれば、資源統制運用の要は有事に際し国の利用し得べき一切の資源を挙げて之《これ》を統一的に按配し、国軍の需要を充足すると共に、国民の生活を確保し、以て最大限度に国力を発揮せしむるに存するのである」（前掲書、一〇七頁）

この定義はあくまでも、計画を立て、統制し、命令を下す側の視点からなされたものだ。主体性は「統制運用」する側にあり、「人的資源」と見なされた側は、一方的に統制、利用される対象として客体化、手段化されている。統制の力の作用は上から下へと貫徹し、その力によって「人的資源」は有事すなわち戦争のために「最大能率」の発揮を強いられる。消耗品として扱われる。ここには、「人的資源」とされる側が実はそれぞれ人生のある生身の人間であることへの想像はまったく見られない。

「人的資源」という言葉はこのように、国家総動員法制定よりも一一年前に、すでに国家中枢の官僚機構のなかで使われていた。すなわち、国家総動員法へのレールは資源局の創設とともに敷かれてゆくのである。

資源局は「資源分類表」に基づき、各種「資源」の現況調査を進めた。人員であれば人数・性別・技能・有資格者数など、物資なら生産量・保有量・消費量・輸出入量など、工場であれば所在地・所有者名・生産力などを事細かに調べ、そのうえで戦時の需要量と供給能力などを想定し、生産計画や動員計画を練り上げていった。政府の各省庁がこれに協力をした。そのための法律である資源調査法も、一九二九（昭和四）年四月に公布された。その第一条と第二条には、こう書かれている。

「政府ハ人的及物的資源ノ調査ノ為必要アルトキハ個人又ハ法人ニ対シ之ニ関スル報告又ハ実地申告ヲ命ズルコトヲ得、前項ノ資源調査ノ範囲、方法其ノ他必要ナル事項ハ命令ヲ以テ之ヲ定ム」

「当該官吏又ハ吏員ハ人的及物的資源ノ統制運用計画ノ設定及遂行ニ必要ナル資源調査ノ為必要ナル場所ニ立入リ、検査ヲ為シ、調査資料ノ提供ヲ求メ又ハ関係者ニ対シ質問ヲ為スコトヲ得、此ノ場合ニハ其ノ証票ヲ携帯スベシ」

今日、「人的資源」という言葉は、政治や経済や軍事、あるいは医療・教育・国際協力など様々な分野で使われている。その意味としては一般的に、「労働力を、他の生産要素と等しく資源の一つと見なしていう語」（『広辞苑』岩波書店）、「すぐれた研究員や熟練した労働者がもつ能力の経済的価値を、ほかの物的資源と同じように生産資源の一つと見なしていう語。ヒューマン・リソース」（『大辞林』三省堂）、「人の労働力を他の物質と同じように国家の資源の一つと見なしていう語」（『日本国語大辞典』小学館）と理解されている。

しかし、かつて資源局が作成した「資源分類表」にも明らかなように、「人的資源」とは元々、労働力や能力を持つ人間そのものを表していたことはまちがいない。つまり「人的資源」とは、人間のかたちをした資源を意味していたのである。それが「人的資源」の本質である。その本質は、今日使われている「人的資源」という言葉と発想にも深く内包されていると、私は考える。

「資源というのは消費するものですよね。人間を資源というのはおかしい。自衛官を使い捨てにするような発想が表れています」と言った、鈴木佳子の直観と理解はやはり正しかったのである。

秘密主義の壁のなかで

内閣の外局として発足した資源局には、勅任の長官の下、総務課、調査課、施設課、企画課が置かれた。各課の担当は以下のとおりである。総務課は資源の統制運用に関する制度と施設の研究、必要な法令の準備立案、人事・文書・会計。調査課は資源の現況調査と戦時需給調査。施設課は資源の培養助長、統制運用計画を遂行するための施設の設置。企画課は資源の統制運用機関の整備計画、資源の補填や配当など統制運用の計画づくり。

資源局の初代長官には、賞勲局（勲位・勲章などの栄転に関する事項を扱う）総裁だった宇佐美勝夫が就任した。しかし、資源局の設置を立案したのは、法制局参事官の松井春生であり、当初は総務・企画課長を兼任し、後に長官として資源局運営の中心的役割を担った。調査課長には商工省の植村甲午郎（戦後、経団連の会長になる）が、施設課長には農林省の宮島信夫が就いた。
資源局の特異な点は、職員のほぼ半数を、陸海軍から出向してきた中佐・少佐クラスの軍人が占めていたことだ。かれらは兼任事務官という立場で、資源の調査や統制運用計画すなわち総動員計画の策定に主導的な力を振るった。さらに資源局参与として陸軍軍務局長の阿部信行中将、同整備局長の松木直亮少将、海軍軍務局長の左近司政三少将らが影響力を及ぼした。

資源局の業務は秘密性の高いものだった。内閣恩賜局から資源局に移ってきた文官の内田源兵衛は当時を次のように回想している。

「やたらに秘密が多いんです。たとえば総動員計画なんか担当事務官でさえ、書類を家に持って帰れない。ひと口に計画といっても、半ば永久不変の根本方針にあたる基本計画と、以後何か年の間に開戦したら適用するという期間計画の二本立てになっているんです。基本計画の関係書類は表紙が赤、期間計画の方はピンクで、わたしたちは通常『赤本』というように呼んでいましたが、それというのも、絶対に外部へ持ち出してはならぬという意味で色をはっきりさせていたのだと思います。各人に渡すにしても、すべてナンバーがふってありましたからね、いいかげんな取り扱いはできないわけです」（『昭和史の天皇』16、読売新聞社編、読売新聞社、一九七一年、一五三頁）

『国家総動員史』上巻によれば、「国家総動員計画」に関する閣議決定などの重要資料は極秘扱いで、資源局の幹部と各省庁からの参与や兼任事務官以外には、政界・官界の上層部の人間に対しても、その存在を完全に秘匿されていたのである。

侵略に向かう時代とともに

一九二七（昭和二）年五月に資源局が設置されるよりひと月あまり前の四月二〇日、元陸軍大将で政友会総裁の田中義一が首相になった。資源局設置の翌日五月二八日には、第一次山東出兵に踏み切ったように、対中国強硬路線が田中政権の特徴であった。

蔣介石率いる国民革命軍による北伐《ほくばつ》に備えて、日本人居留民の保護を名目に、関東軍を山東省青島に派兵したのだが、その真の目的は中国での権益拡大であった。満蒙（中国東北部の旧満州と内蒙古）を中国から切り離して支配すること、さらに華北（中国北部）での勢力拡大を、政府と軍部はもくろんでいた。

このような帝国主義的政策は、一九二七年六月から七月にかけて、閣僚と外務省官僚と関東軍司令官らが東京で会した「東方会議」での「対支政策綱領」にも盛り込まれた。以後、二八年の第二次・第三次山東出兵、関東軍の謀略による張作霖（満州の軍閥）爆殺事件と、中国侵略に向かう歴史の歯車が回ってゆく。

田中政権はまた、治安維持法の最高刑に死刑を加え、特高警察を全国の県に設置するなど国内の治安対策でも強硬路線をとった。一九二八年三月一五日の全国的な共産党員の一斉大検挙（三・一五事件）をはじめ、社会主義勢力への弾圧が相次いだ。

当時の世相を見ると、一九二七年七月二四日に作家の芥川龍之介が、「唯ぼんやりした不安」の言葉を遺し、三六歳で自殺している。同じ月に岩波文庫の刊行が始まり、九月には宝塚少女歌劇がレビュー「モン・パリ」を初演。一二月に日本初の地下鉄（東京の上野・浅草間）が開通し、翌年八月には東京・大阪間で旅客機の飛行が開始した。

また、一九二八年七月のアムステルダム・オリンピックでは、陸上と水泳で日本人が初の金メダルを獲得している。同年一一月、警視庁はダンスホールへの一八歳未満の男女入場禁止の取締り令を実施した。翌二九年春、大卒者の就職難が深刻化し、「大学は出たけれど」が流行語になる。同じ頃、寿屋が国産初のウイスキー、サントリー・ウヰスキーを発売した。

このような時代を背景に、国家中枢では資源局による総動員計画づくりが極秘のうちに、着々と進んでいった。それは一九二七年七月に、浜口雄幸内閣が成立してからも続き、「資源分類表」も整えられる。当時の大多数の日本人は、自分たちがごく限られた軍人と官僚の手で通し番号付きの「人的資源」、馬や物資と同じ使い捨ての資源と位置づけられているとはまったく知らなかった。

ここに「人的資源」の発想は、日本近現代史のなかにビルトインつまり内蔵されてゆく。しかし、さらにそのルーツを知るには、日本陸軍の高級将校らが第一次世界大戦に触発され、国家総力戦体制の研究に取りかかる大正時代にまで遡らなければならない。

二　日本陸軍の国家総力戦研究と「人的資源」

第一次世界大戦と日本陸軍将校

一九一四（大正三）年六月二八日、バルカン半島のボスニア・ヘルツェゴビナの首都サラエヴォで、オーストリア・ハンガリー帝国の皇太子夫妻がセルビア民族主義者に暗殺された。〇八年のオーストリア・ハンガリー帝国による占領・併合以来、ボスニア・ヘルツェゴビナに住むセルビア人の間では、オーストリア・ハンガリー帝国への反感とともに、隣接するセルビア王国への一体感も高まっていた。

オーストリア政府は皇太子夫妻の暗殺にセルビア政府が関与していると非難した。しかし、その証拠は見つからず、セルビア側も否定した。だが、オーストリア政府は反オーストリア運動の全面的禁止などを強硬に要求し、同盟国ドイツと協議したうえで、一九一四年七月二三日、セルビアに最後通牒を突きつけた。ヨーロッパの政情は一気に緊迫した。セルビア側は譲歩を示したが、これを機にセルビアを叩いてバルカン半島での支配を固めようと考えるオーストリア政府は、七月二八日、ついに宣戦布告をした。

セルビアの後ろ盾であるロシアが即座に反応し、七月三〇日、全軍に動員令を下した。続いてドイツも全軍を動員し、ロシアとその同盟国フランスに対する二正面作戦へと踏み切る。フランスも軍を総動員する。八月三日、ドイツ軍はフランスへ進撃するために中立国ベルギーに攻め込んだ。翌日、ロシアとフランスと同盟関係にあるイギリスも対ドイツ宣戦布告をし、第一次世界大戦が勃発した。

そのとき、ひとりの日本陸軍将校がドイツ中部の街エルフルトに滞在していた。前年に軍事研究員としてドイツに派遣され、エルフルトで語学研修中だった、陸軍歩兵大尉の永田鉄山《てつざん》である。永田は後に、陸軍省軍務局長の要職に就き、陸軍統制派の中心人物として、国家総動員体制づくりに大きな役割を果たすことになる。

『秘録　永田鉄山』（永田鉄山刊行会編、芙蓉書房、一九七二年）によれば、そのとき永田は期せずしてヨーロッパの戦局を観察する機会に恵まれたと、心密かに喜んだという。しかし当時、日本はイギリスと日英同盟を結んでいた。イギリスがドイツと戦争を始めた以上、日本もドイツとは敵対関係になる。そのため、日本の軍人はドイツに滞在できなくなった。一九一四年八月半ば、ベルリンの日本大使館附武官からの指示で、永田は同僚数人とともに急遽、鉄道でドイツからオランダへと脱出する。そしてイギリス、ロシアを経て、同年一一月に日本に帰り着いた。

その頃、日本は同盟国イギリスからの参戦の求めに応じて、一九一四年八月二三日にはドイツに対して宣戦布告をしていた。九月には、ドイツが植民地の一種である租借地としていた中国山東省の膠《こう》州湾《しゅうわん》一帯を攻略するために、海軍艦隊と陸軍部隊を派兵し、ドイツ軍と交戦状態に入った。

大隈重信を首相とする日本政府は、表向きは日英同盟の大義を掲げながらも、その背後で、中国におけるドイツの権益を奪い、勢力を拡大しようと企てていた。膠州湾一帯の中心都市である青島《チンタオ》を、日本軍は一一月七日に占領した。永田鉄山がヨーロッパから帰国し、東京に着いたのはその二日後であった。

史上初の国家総力戦

第一次世界大戦において日本軍は、東アジアにわずかに駐留していたドイツ軍と短期間戦っただけで、大戦の主戦場ヨーロッパでの激烈な戦火を経験することはなかった。

一九一八（大正七）年一一月のドイツ降伏によって戦争が終わるまでの四年三カ月余りの間に、ドイツ、オーストリア・ハンガリー、トルコなど同盟国側と、フランス、イギリス、ロシア、アメリカ、イタリアなど連合国側の双方で、合わせて七〇〇〇万人強という膨大な数の兵員が動員され、そのうち戦死者は九〇〇万人を超え、負傷者も約二〇〇〇万人に上った。

この未曾有の戦禍がもたらされた背景には、参戦各国の工業生産力の発達によって大砲や機関銃など火器の破壊殺傷力と命中精度が高まり、しかも戦場に供給される武器弾薬の量も増大した事実がある。戦車や飛行機や毒ガスなどの新兵器も登場した。ヨーロッパ近代の生み出した科学技術力と工業生産力が、戦争の形態を変え、勝敗を左右する時代になったのである。

大規模な兵力を投入した長期の消耗戦は、兵員の大量動員と、兵器など軍需品の大量生産が伴ってこそ可能となる。国民皆兵主義に基づく徴兵制が、数多くの男たちを、泥沼化した塹壕戦で知られる「西部戦線」など各地の戦場に送り込んだ。軍需品の大量生産と輸送を支える労働力として、銃後の国民が女性も含めて動員された。飛行機による都市への空爆も始まり、前線と後方の境目がなくなって銃後の国民にも被害が及んだ。

このように第一次世界大戦は、国家の総力を挙げて戦われ、国民の総動員が必要な、史上初の国家総力戦となった。必要に迫られた参戦各国は、軍需品の安定供給のため、工業生産力の維持そして向上を目指し、労働力の計画的配置や軍需工場及び原料の管理など、国家総動員体制を整えていった。

国家総力戦という新しい戦争形態の出現に対して、日本で最も強い関心を抱いたのは陸軍だった。将来に備えて、日本も国家総力戦に対応できる体制を整えなければならないという問題意識からだ。

一九一五（大正四）年九月、ヨーロッパ参戦各国の国家総力戦に臨む体制を調査研究し、日本でもそれに対応できる体制づくりを研究するため、陸軍省内に「臨時軍事調査委員会」（以下、「調査委員会」）が設置された。委員は主に砲兵科と歩兵科の将校である。軍事研究員や観戦武官としてヨーロッパ諸国に派遣され、国家総力戦の実態を知る者が相当数いた。

永田鉄山も再び軍事研究員として、一九一五年の秋にデンマークを経てスウェーデンの首都ストックホルムに赴任した。約二年間、主にドイツの新聞や雑誌や本を通じて戦況とドイツ軍内の教育などを研究した後、帰国して「調査委員会」の委員になっている。

『総力戦体制研究』（纐纈厚著、三一書房、一九八一年）によれば、「調査委員会」の調査研究の内容は、ヨーロッパ派遣武官の調査報告記事を載せた一連の『海外差遣者報告』にまず収められた。そして『臨時軍事調査委月報』が発刊され、そこに全般的な成果がまとめられていった。

国内のあらゆる資源の統制を研究

「調査委員会」による成果を体系化したのが、『欧州交戦諸国ノ陸軍ニ就テ』である。一九一七（大正六）年に出たその第二版では、「国民動員」と「工業動員」という概念が導き出されている。まず「国民動員」は次のように定義されている。

「国民動員ト称スルハ戦争遂行ニ最有効ナル如ク一国ノ全人員ヲ統一使用シ得ルノ状態トナスヲ謂《イ》フナリ」

「全国民ノ使用権ヲ政府ノ手ニ収メ且《カツ》国家若《モシク》ハ国民ノ事業ヲ戦争遂行ニ必要ナルモノト否サルモノトニ二区分シ後者ニ属スルモノハ全然之《コレ》ヲ中止セシムルカ若ハ大ニ之ヲ縮小セシメテ従来之ニ従事セシ人員及無職業者ヲ前者ニ注入シ茲《ココ》ニ人員ノ余裕ヲ得テ其ノ強壮ナル者ハ之ヲ戦闘員ニ加へ否ラサル者ハ之ヲ適当ナル後方ノ軍務ニ使用セムトスルモノナリ」（「国家総動員研究序説」山口利昭著／『国家学会雑誌』第九二巻第三・四号、一九七九年）

つまり、政府が全国民を管理統制下に置き、国家機関や民間の各事業を戦争遂行に必要なものと不要なものに分けたうえで、不要なものは中止もしくは縮小させ、そこで生じた余剰人員と無職者のなかから強壮な者を戦闘員にし、それほど強壮でない者は後方で軍需工場や軍需品輸送などの業務に就かせる、というわけである。

また「工業動員」については、「其ノ国内ノ全工業力及工業用資源ヲ統一組織下ニ一貫セル方針ヲ以テ戦時ノ要求就中軍需品補給ノ目的ニ適スル如ク糾合掌握スルニ至リ」と、参戦各国の状況を述べ、「工業動員」を掌握する国家機関として軍需省などが各国で設立されたことを指摘している。

『総力戦体制研究』によると、「国民動員」と「工業動員」を含む国家総動員の概念が明らかになったのは、一九一八年の第四版（『参戦諸国ノ陸軍ニ就テ』と改題）からだ。「国内ノ有ラユル諸資源、諸施設ヲ統制按配シテ之ヲ戦争遂行上最有効ニ使用シ得ルノ状態ニ移セリ所謂国家総動員ナルモノ即チ是ナリ」とあるように、国家総動員とは国内のあらゆる資源を統制して戦争遂行のために有効に使用すること、と定義されている。

この第四版では具体的に、「兵員資源の捻出、戦時必須労力の供給補充を目的とした国民労役制度の創設によって、徹底的に国民動員を実施するもの」とし、「そのためには、婦人の動員、老幼男女や不具癈疾者の利用、俘虜の使役、国外労力の利用、抑留普通人の交換の施策によって人員資源の確保充実を図ること」としている（『総力戦体制研究』三七頁）。

また、陸軍では国家総力戦に備えた研究を「調査委員会」以外の部局でもおこなっていた。そのうち参謀本部総務部第一課（編成・動員課）が、一九一七年にまとめた報告書、『全国動員計画必要ノ議』でも、具体的に研究すべき事項のひとつとして、「戦用諸資源（人、馬、物件ノ全部ニ亘《ワタ》ル）ノ調査」を挙げている。

「人的資源」の発想が生み出される

「調査委員会」の活動の集大成が、一九二〇（大正九）年五月に発行された『国家総動員に関する意見』である。この一八〇頁に及ぶ詳細な報告・意見書を執筆したのは、委員のひとりで二度のヨーロッパ派遣を経験してきた永田鉄山少佐である。陸軍内で「永田の前に永田なく、永田の後に永田なし」と、その頭脳明晰さを謳われ、軍事官僚エリートとして有能ぶりを発揮した永田は、国家総動員体制づくりの中心人物になった。

『国家総動員に関する意見』はまず、第一次世界大戦が「其の規模広大にして国民的戦争」あるいは「国力戦争」ともいうべき、まったく新しい戦争だという事実を示す。ヨーロッパ参戦各国は「一事一物」に至るまで戦争遂行に役立てるため、陸海軍の動員と、全産業・交通機関の統制管理をし、国民の職業の自由を抑制して労務の強制もしくは半強制をおこない、「徹底的に全国民の力を戦争遂行の大目的」に集中させたと説明する。

そして、「国家総動員とは一時若は永久に国家の権内に把握する一切の資源、機能を戦争遂行上最有効に利用する如く統制按配するを謂ふ」と定義する。それから、国家総動員を「国民動員、産業動員、交通動員、財政動員、其の他の諸動員（教育動員、学芸技術動員等）」に分類し、「総動員の目的物たる有形的資源は人畜、物体及び金銭の三者に外ならずして、此等は何れの動員にも必要不可欠のものなればなり」と言い切っている。

ここでは、人間は「人畜」とあるとおり、家畜（軍馬がその筆頭に置かれる）と対になって、物資や金銭と同じように扱われている。それが大前提となっている。

そのうえで、「人は戦争遂行の為の量要因子にして兵員の増加補充、軍需諸品の生産製造、傷病者の治療看護等、直接戦争の為に多大の人員を要する」と、「資源」としての人間の必要性・利用価値を説く。

そして、「人は事業の源泉なるが故に、之が統制按配は実に国家総動員の根基を成すと謂ふべく、之が巧拙適否は実に戦争遂行上重大の影響を及ぼす」と、人員の統制が国家総動員の根本であり、いかに巧みに統制できるかどうかが戦争遂行の成否を握っている点を指摘している。

だからこそ、「国家総動員は国民の愛国奉公心、犠牲的精神を極度に要求するもの」だとし、「精神動員若は民心動員と謂ふ得べけむも此の動員は実に国家総動員の根底」であると強調する。つまり、人間を「資源」として巧みに統制し、利用するには、家畜や物や金銭とはちがって、「精神動員」すなわち心の統制、教育や宣伝などを通じたいわばマインド・コントロールが必要不可欠である点を、きっちり計算に入れているのである。

このように、第一次世界大戦という史上初の国家総力戦に触発され、その実態を調査研究した、永田鉄山を中心とする日本陸軍の高級将校たちによって、「人員資源」や「兵員資源」、「戦用諸資源（人、馬、物件ノ全部ニ亘ル）」、「総動員の目的物たる有形的資源は人畜、物体及び金銭」といった、人間を戦争遂行のための国家の資源と位置づける表現・用語が編み出された。

管理統制し、利用する側はあくまでも自分たちであるとの前提に立ち、上から下への命令系統に基づく方法論に揺らぎはない。すべては国家のためと正当化される。そこには、軍事官僚として戦争遂行の組織のメカニズムを最優先し、そのためには徹底的に人間を手段化する、きわめてドライな人間観が反映されている。それはまさに「人的資源」の発想そのものである。

そして、「人的資源」の発想は陸軍内に浸透してゆき、はっきりと「人的資源」という言葉も使われだす。一九二六（大正一五）年一二月、陸軍省整備局長の松木直亮少将（後に内閣資源局参与）が師団司令部付少将の会合で講演した「国家総動員準備に就て」で、次のように語っている。

「茲《ここ》に国防資源と称するは、極めて広汎《こうはん》なる意義を有し、直接、間接国防の目的に充て得べき人的、物的、有形、無形一切の資源を総称す。即ち人的資源は人力及精神両資源を包括し、物的資源は大体生活資源、金力資源、材料資源（原料、燃料、動力等を含む）及施設資源に分つを得べし」（『陸軍軍需動員1　計画篇』防衛庁防衛研修所戦史室編著、朝雲新聞社、一九六七年、二五八頁）

おびただしい惨禍をもたらす

永田鉄山は「国家総動員に関する意見」を作成後まもなく、一九二〇年九月から三度目のヨーロッパ派遣に旅立った。同年一一月からウィーンで駐オーストリア公使館附武官を半年ほど務めたあと、翌年六月には駐スイス公使館附武官に任ぜられた。

『秘録　永田鉄山』によれば、永田は第一次世界大戦後の国際情勢を観察しながら、政治・軍事・

経済などの情報収集に励んだ。そして、日本陸軍の編制と装備の近代化、国家総動員体制の確立に向けて決意を強めたという。

一九二三（大正一二）年四月に帰国した永田は、中佐に昇任し、翌年、陸軍省軍務局軍事課課員になった。二六年には、国家総動員体制づくりのために新設された陸軍省整備局の動員課長に抜擢された。

ちょうどその時期、陸軍からの働きかけもあって、国会でも在郷軍人将官の議員らを中心に、国家総動員の準備のため統合機関の設置を求める声が高まっていた。一九二四年には、衆議院で「国家総動員ニ対スル準備ヲ遺憾ナカラシムル為」に「防務委員会設置ニ関スル建議」が、貴族院でも「国防ノ基礎ハ国家総動員ニ在リ」として「国防ノ基礎確立ニ関スル建議」が決議された。その際の論議のなかにも、「自国の有する一切の資源、人、物資、財力」などを「すべて統制して」といった言葉が見られる。

一九二六年四月、時の若槻礼次郎（憲政会）内閣の下に国家総動員機関設置準備委員会が設けられた。委員長には法制局長官が就き、各省の局長クラスが委員に任命された。永田は国家総動員研究の第一人者として陸軍側の幹事に任命され、審議を取りまとめた。

その結果、一九二七（昭和二）年五月に、田中義一（政友会）内閣の下で、国家総動員の中央統轄機関として資源局が設置されるのである。同年一二月、永田大佐は、大阪中央公会堂で「国家総動員に就て」という講演をし、こう語っている。

「国家総動員とは、……（中略）……国家が利用し得る有形無形、人的物的のあらゆる資源を組織し統合し運用いたしまして、最大の国力的戦争力を発揮する事業」で、「人的資源の方面では、肉体労力の方面も霊即精神の方面も、両者を含んで居ります」（『永田鉄山論』松下芳男著、小冊子書林　一九三五年、三九〜四〇頁）。

永田は一九三四年、少将で陸軍省軍務局長に就任し、陸軍の有力派閥である統制派の中心人物と目される。そして翌年八月に、統制派と対立する皇道派の相沢三郎中佐によって斬殺された。

だが、永田の死にもかかわらず、彼が中心となって敷いた国家総動員の路線は軍と政府のなかに定着し、一九三八年には近衛文麿政権の下で国家総動員法が制定された。前年にはすでに日中戦争が、中国への侵略が始まっていた。

日中戦争からアジア・太平洋戦争の期間を通じて、国家総動員法に基づき、国民徴用令、船員徴用令、学徒勤労令、女子挺身勤労令、国民勤労動員令など、国民を「人的資源」として国家総力戦に動員する勅令が次々と公布施行された。

「人的資源」とされたのは、決して日本人だけではない。戦争の長期化と労働力の不足に直面した日本政府と軍は、植民地支配下の朝鮮にも国民徴用令を適用し、強制徴用・強制連行による動員をおこなった。中国の占領地からも中国人を強制連行した。占領した東南アジアにおいても、強制的な労務者動員をおこなった。連合軍の捕虜も強制労働に就かされた。数多くの人びとが鉱山で、工場で、ダムや飛行場や鉄道などの建設工事で、強制労働をさせられた。暴力を伴う虐待、飢え、病気、怪我などによる死傷者も多く出た。

国家総動員の対象が日本人だけに限らないことは、すでに陸軍内の調査研究の段階から構想に含まれていた。『全国動員計画必要ノ議』でも、具体的に研究すべき事項のひとつとして、「植民地ノ土人ニ課シ得ヘキ本国援助ノ程度殊ニ労働力物資ノ融通ニ関スル調査、計画」が挙げられている。『国家総動員に関する意見』にも、「俘虜の使役、国外労力の利用」が説かれている。

大東亜共栄圏の大義を掲げた戦争も、実態はアジア・太平洋地域の「人的資源及び物的資源」を支配し、統制運用するためのものだったといえる。「人的資源」の発想が日本内外を問わず、おびただしい人びとに惨禍をもたらしたことはまちがいない。

三　戦火の海に動員された船乗りたち

九三歳の元航海士

「生まれたのは一九一七年、大正六年で、神奈川県の山北町です。地元の小学校を出てから、小田原中学に通いました。生家はお寺で、檀家も多いし、長男なので寺を継げば静かに暮らせるわけですが、当時は『お国のために、天皇陛下のために死ぬこと』を、子どものときから教育勅語などをとおして、家庭や学校や近所で教え込まれて育った時代です。だから、その時代の雰囲気のなかで私は、若者が寺でおとなしくお経を読んでいる場合ではない、と思ったんです。そして、日本には資源がなく、富国強兵のためには海外から物資を持ってくるしかない、海運が重要だ、自分は船乗りになってお国のために尽くそうと、東京高等商船学校に進みました。一九三四年、昭和九年のことです」

今年の春、九三歳になる真田良《さなだまこと》は若き日の船員時代を思わせるはっきりした声で、往時を振り返る。

「一方で、船乗りになれば外国にも行けて、いろんな国のおいしいお酒も飲めるだろうと、いささか期待していたのも事実です。しかし、商船学校を卒業して日本郵船に入った昭和一四年には、当時、支那事変と呼ばれた日中戦争が続いており、やがて米英との戦争も始まるわけです」

日本郵船の氷川丸に乗って北米航路を往き来し、サイパンやテニアンなど太平洋の島々を結ぶ南洋航路にも乗り組んでいた真田に、戦火の海への出立が訪れたのは、一九四一（昭和一六）年の秋だった。当時、真田は日本郵船賀茂《かも》丸の三等航海士であった。その船が陸軍御用船すなわち輸送船として徴用され、それとともに乗組員も船ごと徴用された。国家総動員法に基づく船員徴用令（一九四〇年一〇月公布）によるものだ。

すでに船員に対しては、国家総動員法に基づく船員職業能力申告令が一九三九年一月に公布されていた。それによって、船員と海技免状者と無線通信士資格者は、その居住地などを管轄の官庁に申告することを義務づけられた。

同年同月には、国家総動員法に基づき、一六歳以上五〇歳未満の男性すべてに、それまで従事した職業と卒業した学校を、国営の職業紹介所長に申告することを義務づけた国民職業能力申告令も公布された。政府は、船員をはじめ国民を国家総力戦に必要な労働力、「人的資源」として動員するため、国民の個人情報を把握していたのである。

　真田の乗り組む賀茂丸は、鉄橋や鉄路を建設する鉄道部隊を大阪港で乗せて、当時、仏印《ふついん》（フランス領インドシナ）と呼ばれた、現在のベトナムに向かった。その部隊をサイゴンで降ろし、カムラン湾に停泊中、一二月八日の対米英開戦を迎えた。

　すぐに、マレー半島とシンガポールを攻略する作戦用の輸送船団に加わり、英領マラヤのコタバルとタイ領シンゴラへの上陸作戦の輸送に当たった。シンガポール占領後は、ビルマ戦線への輸送のためラングーンに、さらにフィリピンのコレヒドール要塞陥落直後にはマニラに入港した。そして、フィリピンの島々を往来する輸送作戦に従事した。

「日本軍は当初、破竹の勢いで勝ち進んでいました。私も忠良なる皇国船員として任務に励みました。しかし、昭和一七年の秋頃から、アメリカ軍の潜水艦や飛行機による輸送船への攻撃が激しくなったのです。兵隊と武器弾薬など軍需物資を満載した輸送船は格好の標的です。しかも、日本海軍は艦隊決戦を最優先して、輸送船の護衛は軽視していました。ろくな護衛もないまま、輸送船は次々と沈められてゆくようになりました」

撃沈された輸送船

真田の乗った賀茂丸は一九四二年秋から、ニューギニアに近いラバウル、ブーゲンビル、ガダルカナル方面への輸送任務に就いた。日本本土から部隊を乗せての航海、植民地台湾や朝鮮の釜山、中国の上海、フィリピンなどからの兵力移動のための航海、数隻から一〇隻ほどの輸送船団のうち、アメリカ軍の潜水艦や飛行機の攻撃をかいくぐり、目的地にかろうじて辿り着くのは半数にも満たないほど戦況は厳しさを増していった。

翌年の夏、真田は二等航海士となり、海軍御用船の興津《おきつ》丸に転属した。興津丸は、日本海軍の西太平洋での重要拠点トラック島を基地とし、海軍航空隊基地のあるニューブリテン島のラバウルやブーゲンビル島などへの輸送に当たった。赤道を越えること十数回。アメリカ軍の潜水艦と飛行機の襲撃にさらされながら南航し、また北航した。

「私たち船員は、撃沈された船の仲間が死んでゆく知らせを頻繁に聞きながらも、歯を食いしばって、天皇陛下のために死ぬんだと、がんばっていたんです」

アメリカ軍の上陸を防ぐための機雷を満載し、ラバウルに運んだ直後には、ロッキードP―38戦闘機に空襲された。爆弾が船体に命中したが、そこがハッチビーム（厚板鋼材部）だったため、機雷の誘爆は起きず、轟沈はまぬがれた。生死の境は紙一重だった。

その後、興津丸は船体破損の修理もできぬまま、輸送任務を続けた。一九四四（昭和一九）年一月二四日、給水船の日豊丸とともに、トラック島から東へ、ブラウン島にクェゼリン飛行場の補強資材と日本からの土木作業員およそ六〇〇人を運ぶため出港した。駆逐艦「涼風」と三十三号駆潜艇が護衛に就いた。翌二五日の夜一一時過ぎ、突如、前方を行く「涼風」から大音響とともに火柱が上がった。アメリカ軍潜水艦の魚雷が命中したのである。火の手が暗黒の海洋を照らし、「涼風」はまもなく沈んでいった。

「興津丸は魚雷を回避するために、やみくもに動き回りましたが、四時間後、ついに魚雷にやられて、沈没はまぬがれない状態になりました。船長は、部下たちの『また転戦してお国のために尽くしましょう』『とにかく一緒に逃げましょう』という言葉に対して、『俺はこの船と一緒だ』と言い残し、自分の体を船橋のコンパス・スタンドに縛りつけたまま、船とともに沈んでゆきました……」

魚雷を受けてからおよそ三〇分後、興津丸は船首を直角に振り上げたかと見るや、船尾から真っ直ぐ海中に消えていった。

「海に投げ出された私は、波間にもがきながらもやっと、引っくりかえった救命艇を仲間と一緒に起こして這い上がりました。海面に漂う血だらけの船員や土木作業員たちを数人ずつ助けては、護衛の駆潜艇に移しました。興津丸に積んでいた材木が散らばって浮き、それにつかまったりして漂っているのです。二六日の朝から夕方まで救助を続けましたが、一艘では限りがあります。敵の潜水艦が浮上する恐れがあったので、途中で涙をのんでやめざるをえませんでした……。結局、六〇人ほどいた乗組員のうち二十数人、土木作業員では七、八〇人しか助からなかったのです」

生き残った真田たちは駆潜艇でポナペ島に運ばれ、トラック島を経由して日本に帰り着いた。すでに乗る船はほとんどなくなっていた。その年の春から翌年八月の敗戦まで、真田は貴船丸の一等航海士として、室蘭から新潟へ、銑弾の原料となる銑鉄を積んでピストン輸送の任務に就いた。

当時、アメリカ軍は日本の港湾機能を封鎖するため、各地の港にB―29爆撃機で機雷を投下敷設していた。敗戦の直前、一九四五年五月と六月に貴船丸は新潟港で、日本海軍掃海艇による機雷掃海後にもかかわらず触雷し、船体が二つに折れて沈没した。乗組員数人が死亡した。真田はここでも命拾いをしたのだった。

六万人を超える戦没船員

「多くの船乗りの仲間が海に消えてゆきました。いわば私は死にはぐれて生き残ったようなものです」と、重い口調で真田が語るとおり、アジア・太平洋戦争での戦没船員は、商船・機帆船・漁船の乗組員を合わせて、わかっているだけでも六万六〇八人に上る。

『慟哭の海』(浅井栄資著、日本海事広報協会、一九八五年)によると、一九四一年一二月から四五年八月まで、日本近海から太平洋、東シナ海、南シナ海、インド洋にかけての広大な海域で、沈没した商船は二五三四隻。総トン数で表すと、開戦時に保有していた六三八万総トンと戦時中に急造した三八三万総トンの計一〇二一万総トンのうち、八八三万総トンの商船が失われた。

前掲書によると、太平洋戦争開戦時の日本の商船船員は総数七万六一〇〇人だった。まず二万六一〇〇人が船員徴用令で動員され、一九四五年の敗戦までに延べ一〇万九三〇人の船員が徴用動員された。そのうち約三万人は戦傷病などのため、長期療養または徴用解除になったので、終始乗船中または乗船待機中の船員は約六万九三〇人だった。

そのうち三万五九二人が戦死したと公表されている。そして、商船と帆船と漁船の戦没船員を合わせると、「損耗率」（生存者対戦死者の比率）は推計で四三パーセントにも達する。その比率は、陸軍の二〇パーセント、海軍の一六パーセントと比べて驚くべき高さである。輸送船がいかに危険にさらされたか、日本軍がいかに輸送船の護衛を軽視したかがわかる。

船員を戦場の海へ送り込んだ船員徴用令の場合、逓信《ていしん》大臣が発した徴用令書は船舶所有者（海運会社）を経て、船長に渡されるのが実態だったという。船員は従来の船舶所有者と雇用関係を結んだまま、所属する船ごと徴用されたのである。船員以外に適用された国民徴用令（一九三九年七月公布）の場合は、厚生大臣の発した徴用令書は市町村長を経由して直接、本人に渡されていた。

一九四二年三月には、戦時海運管理令が公布され、政府は各海運会社を集めて特殊法人「船舶運営会」を設立させた。国家による船舶・船員の一元的管理・使用がおこなわれ、「船舶運営会」が船舶所有者ということになった。

国家総動員法に基づく様々な徴用令や申告令や管理令などは、すべて勅令であった。勅令とは、帝国議会での審議・可決の手続きを経ずに、天皇の大権によって制定・公布された法令である。国家総動員法は、天皇の大権の名のもとに政府が望みどおりの法令を量産し、国民を統制できる仕組みを備えていた。

船員は「人的資源」として、船は「物的資源」として戦争に動員された。あの資源局による「資源分類表」において、船員は「資源番号第一―一四―〇一」、一般輸送用汽船は「資源番号第四―四二〇一」という「資源名」としての通し番号を付けられていた。

南の海に消えた兄

戦没船員の遺族に話を聞いたことがある。その人の名は泉谷迪《いずたにすすむ》といい、一九九九年の秋に七一歳で亡くなる前、全国戦没・殉職船員遺族会の副会長をしていた。泉谷の三歳上の兄、二郎は東京にあった官立無線電信講習所に在学中、二年時に半年間の船舶実習生として、日本製鉄の応急タンカー天南丸（元は鉱石運搬船）に乗り組んだ。一九四三（昭和一八）年四月のことである。当時、天南丸は海軍御用船で、船員は船ごと徴用されていた。

天南丸は、日本軍が占領したボルネオ北東部、タラカン島の油田で原油を積み、ボルネオ南東部のバリックパパン精油所に運んだ。また、タラカンやバリックパパンから重油を積んで、トラック島やパラオ島やラバウルなどにいる海軍艦艇への給油のため反復航海をした。

一九四三年一〇月二三日夜、天南丸はラバウルとパラオの間の西太平洋を航行中、アメリカ軍潜水艦の魚雷を受けて轟沈した。二郎はまだ一八歳の若さで、暗い海に呑まれた。乗組員五六人中、助かったのは一六人だけだった。そのほかに警戒隊員の軍人四人のうち二人、便乗者の軍人六人のうち一人が助かった。生存者のうち船員一四人は重軽傷を負っていた。生き残った船長が横須賀海軍運輸部長に提出した「天南丸遭難沈没顚末報告書」には、沈没時の様子がこう記されている。

「突然本船左舷側正横後ニ発射音響ヲ感ジ急遽面舵一杯ヲ令スルト同時ニ別紙図ノ個所附近ニ魚

雷命中大音響ト共ニ大震動アリ。其後数秒ニシテ第二弾再ビ同一個所ニ命中シ船体ハ左舷ニ傾斜スルト共ニ急速ニ艄ヨリ海中ニ没シ始メタレバ機関ヲ停止シ船体ノ沈没必至ト認メ全員退去ヲ命ジタリ。二発ノ魚雷命中爆発ノ為船体ハ急激ニ艄ヨリ沈下シ魚雷命中ヨリ沈没迄約二分間ノ短時間ナリシ故応戦ノ暇ナク殆ンド垂直ノ状態トナリ沈没セリ」

二郎の死を家族が知ったのは、翌年の四月に突然、戦死公報が届いたときで、天南丸の沈没から半年も経っていた。二郎が家を後にしてからちょうど一年であった。

「兄は、『実習だからどうせ近海をあちこち回って、月に一度ぐらいは休暇で帰ってくるよ』と気軽な様子で、乗船するために大阪の実家から北九州の八幡へと発ちました。徴用されたことは乗船後にわかったのでしょう。家族は、戦死公報が来て初めて徴用の事実を知りました。当時、未成年者が乗船する場合は、親権者の同意が必要だったはずです。でも、そのような徴用の通知はついぞありませんでした。軍人は『赤紙』一枚の召集令状で、軍需工場に動員された民間人は『白紙』といわれた徴用令書で呼び出されましたが、船員は船の付属物扱いで動員されたんです」

横須賀海軍人事部長海軍少将の名義で出された戦死公報には、こう書かれてあった。

「海軍軍属泉谷二郎殿ニハ南洋群島方面ニ於テ昭和十八年十月二十三日戦死ヲ遂ゲラレタル旨公報有之候条茲ニ御通知申上グルト共ニ謹ミテ深甚ノ弔意ヲ表シ候

追テ機密保持上生前ノ配属艦船部隊名ハ一切他ニ御漏シナキ様御注意被下度候」

この文面を目にしたとき泉谷は、「機密保持上……」のくだりに、「一片の通知などという言葉では片づけられない威圧感を感じた」という。一見、丁重な字面だが、遺族に対して、機密は絶対に漏らすなと迫る事実上の命令である。人命よりも軍事機密に重きを置き、作戦遂行を最優先させる軍隊という組織の非情さが、そこには表れている。

「当時、『英霊』の遺族は人前で泣くことはできませんでした。天皇陛下のための名誉の戦死なんだから、というわけで、涙を見せれば非国民と言われたんです。だから、母と二人の妹は家のなかで忍び泣いていました」

父親は、涙を見せなかった。当時、一五歳だった泉谷本人は、「長兄が中国戦線に出征し、次兄が戦死したいま、自分がしっかりしなければという思いと、次兄の運命は遠からず自分の運命でもあるとの覚悟」から、当初は泣かなかった。しかし一週間が過ぎて、母と妹たちの涙もようやくおさまりかけた頃、二階から階段を下りる途中、不意に悲しみがこみあげて嗚咽《おえつ》を抑えきれなくなったという。

「母は九三歳で亡くなるまで、兄のことがずっと胸の奥につかえていました。親としては知らぬまに息子が徴用されて軍属にとられ、最期の様子もわからないし、納得できない、せめてあのときもっときちんと送り出してやればよかった、二郎が不憫《ふびん》でならない、とずっと悔やんでいました……」

泉谷はそうした母親の思いを汲み、さらに兄とその仲間たちが軍の無謀な作戦の犠牲になったことが無念で仕方なく、戦後三〇年かけて天南丸の記録を調べ、生存者の話を聞き、追悼録を編んだ。

「船員はまるで物のように軍に徴用されて、多くの命が消耗品とされました。私たち遺族の思いは、戦争は二度とごめんだ、新たな戦没者と遺族を出してはいけない、ということに尽きます」と語りおえた泉谷の声が、いまあらためて思い起こされる。

戦禍を繰り返してはいけない

元航海士の真田は、近年、周辺事態法や武力攻撃事態法や米軍行動円滑化法などの有事法制が制定されてきたことに憂慮している。

周辺事態法には、海外での紛争が日本の平和と安全に重要な影響を与える場合、アメリカ軍の軍事作戦への、自治体と民間企業による後方支援の規定がある。「日本有事」の場合の米軍行動円滑化法にも、同じような規定が盛り込まれた。「日本有事」に関する武力攻撃事態法には、自衛隊への自治体と民間企業による後方支援の規定がある。自衛隊法第一〇三条にも、「日本有事」における自衛隊への協力のため、交通運輸・建設土木・医療関係の事業者に対する「業務従事命令」の規定が設けられている。

つまり、船員・航空機乗務員・港湾労働者など民間労働者と自治体職員は、企業や自治体の業務命令を通じて、米軍や自衛隊に協力させられることになる。法律上は強制ではないが、被雇用者にとって業務命令を断るのは難しい。事実上、戦争協力への動員を強いられる可能性が高い。新たな一種の総動員システムがつくられつつある。

船員の場合、戦時中と同じように兵員や軍需物資の輸送が想定される。そうなると再び戦没船員が出るかもしれない。船員の労組である全日本海員組合は、「船員徴用で多くの犠牲者が出た戦禍を繰り返してはいけない」として、有事法制に強く反対している。

「戦争ではね、前線も後方もない。輸送こそが狙われるんですよ。興津丸沈没の、あの凄惨な光景を思い出すと涙が出てきますね……。私らは子どものときから、お国のために死ねと教え込まれて、船で軍隊や武器を運ばされましたが、戦後は自分の生き方は自分で選べる人間的な時代に変わったわけでしょう。だから、船乗りは絶対に軍隊や武器を運んではなりませんね。私は死にはぐれて年老いましたが、後輩たちには絶対に同じような目にはあわないでほしい、と祈る気持ちでいっぱいです」

と、真田は訴える。

「資源分類表」の「資源名　船員」は、さらに細かく八つに分類され、「資源番号第一―一四―〇一―〇一」の「船長」から「〇八」の「火夫」まで通し番号が付けられている。「運転士」（航海士）は「〇二」、「船舶無線電信員」は「〇六」だ。真田良や泉谷二郎をはじめ戦火の海に動員された船乗りたちが、国家総動員体制を司る側の軍人や官僚からどのように見られていたのかがわかる。

神奈川県横須賀市、東京湾と遠く太平洋の水平線を望む観音崎――。一九七一年に財団法人「戦没船員の碑建立会」（後に日本殉職船員顕彰会が継承）の手で建てられた石碑には、「安らかにねむれわが友よ　波静かなれ　とこしえに」と刻まれ、戦没船員六万六〇八人の名簿が安置されている。

第二章　人を使い捨てにする「人的資源」の発想

一　戦後日本の経済大国化のなかで

国会での「人的資源」批判発言

人間を様々な軍需物資、「物的資源」と同じように、戦争遂行のための国家の資源として扱うのが「人的資源」の本来の意味であり、「人的資源」の発想も言葉も戦前の軍部と官僚機構による国家総力戦・総動員体制づくりの過程で生み出されたことが明らかになった。

大東亜共栄圏の名のもとアジア・太平洋地域の「人的資源及び物的資源」を支配し、統制運用しようとした戦争に敗れ、大日本帝国から日本国へと政体が変わり、憲法も新たになった戦後、日本内外でおびただしい惨禍をもたらした「人的資源」の発想も、そうした変化とともに消え去ってもおかしくはなかった――。

国会審議の場で交わされる言葉は、折々の社会情勢と時代の風潮を反映するものだ。それら様々な言葉は立法と行政を通じて、国家・社会の進路に大きな影響を及ぼす。その影響はまた人びとの暮らしと人生にも及んでくる。

敗戦から二年目、日本国憲法が施行された一九四七（昭和二二）年五月、新憲法のもと最初の国会が開かれた。同年四月の総選挙で社会党が第一党になり、吉田茂内閣（自由党）は総辞職して、社会党と民主党と国民協同党の連立政権が発足した。首相には社会党委員長の片山哲が就いた。当時の民主党は現在の民主党とは別の政党である。四七年に結成され、芦田均を総裁とする保守中道政党で、「修正資本主義」路線を掲げていた。

この第一国会の衆議院本会議で、七月二日、民主党議員の北村徳太郎が片山首相の施政方針演説への質問のなかで、次のような発言をした。

「私どもは、軍国主義の完全敗北とともに、たとえ人間を人的資源などと考えるほどに堕落した人間観、人間性を否定するところの哲学が、軍国主義とともに完全に打ち砕かれましたことを喜ぶものであります。（拍手）しかし、一旦汚された人間性の尊厳の回復は、単に人格の尊貴が憲法に規定せられただけで実現するとは考えられないのであります。憲法精神をどこまでも理想とするとの首相の演説は、もとより当然のことでございます。少しも異議はございません。しかしながら個人の人格の尊厳を確保するためには、個人の自由が確保されなければならないことは、これまた当然であります」

主権在民、基本的人権と自由の保障、戦争放棄の平和主義を謳った日本国憲法のもと、記念すべき第一国会において、「人的資源」の発想は「堕落した人間観、人間性を否定するところの哲学」だと批判されたのである。そして、それが「軍国主義とともに完全に打ち砕かれた」のは喜ばしいことだという主張が、本会議場で拍手をもって迎えられた。まだ戦後間もない当時、「人的資源」の発想がもたらした惨禍の記憶が、戦時下を経験した議員たちの間に、すべてとは言わぬまでも、かなり共有されていたのだと思われる。

この歴史的事実を、私はインターネットの「国会会議録検索システム」（国立国会図書館）というサイトで「人的資源」を検索してみて知った。古い年代順に並んだ検索結果の先頭に載っていた。

経済復興と「人的資源」活用論

北村徳太郎は一八八六（明治一九）年、京都に生まれた。後に、大阪の北浜銀行に入り、播磨造船所（後の石川島播磨重工業）などを経て、佐世保商業銀行の頭取になった。一九四六年に戦後最初の総選挙で衆議院議員に初当選し、片山哲内閣で運輸大臣、芦田均内閣で大蔵大臣を務めた。

「北村徳太郎の研究」（西住徹著、神戸大学博士学位論文、二〇〇五年）によれば、北村は戦後日本の保守政界において、キリスト教的ヒューマニズムに立脚した独特なリベラル政治路線を掲げた政治家であった。吉田茂率いる自由党の「古典的資本主義」に対して、「中小企業・農村対策」を重視する「修正資本主義」の政策を唱えた。対外政策では、国際連帯主義に基づく「全面講和・永世中立」を主張した。

戦後、北村のように国会で「人的資源」批判の発言をした議員はほかにも複数いる。たとえば一九四八年三月一八日の衆議院本会議で、自由党議員の八木一郎が、「日本は今、敗戦のもたらしたこの焼野原のみじめな生活の中から、光明ある平和日本の建設のために新しい時代に切りかえなければならない」と述べ、そのためには「あの戦争中のように、行き過ぎた超国家主義のもとに、命も物も捨てるように、人的資源豊富だなどと言って、あのとりざたされた考え」を捨て去らねばならないと訴えている。

しかし一方で、「人的資源」という言葉を肯定的にとらえる発言も現れてくる。それは主に、戦争で疲弊した日本経済をいかに復興させるかという議論においてだった。

一九五〇（昭和二五）年一月二六日の衆議院本会議で、民主党議員の有田喜一が当時の首相吉田茂に対して次のような質問を発している。

「我が国は過剰人口で苦しんでおるが、一面からいえば、この過剰人口こそ我が国の尊き資源でもあるのであります。この人的資源を活用せずして、失業者を増大せしめるばかりでは、真の政治ではありません。政府の失業問題に対する根本的態度と具体的対策を承りたいのであります」

また、翌年五月一四日の参議院建設委員会では、自由党議員の石川榮一が利根川開発に関連して、「遅れております日本の経済の困難を克服するゆえんは、人的資源と水資源との高度の利用以外にはない」と発言した。

その年六月一日の参議院文部委員会でも、社会党議員の矢嶋三義が吉田内閣の科学技術研究政策についての質問で、こう持論を述べている。

「我が国の、今後生きて行く途というものは、やはり生産増強を図らなければならないということがよく言われております。それには我が国は生産施設はあるし、また人的資源というものもあるわけでございますが、残る問題は適当なる原料というものを安く適時、的確にこれを確保するということが残った問題と思います」

このように「人的資源」を、経済復興のための開発や生産増強に必要な労働力、その担い手として位置づけ、活用・利用すべきものとして一括する考え方が、国会で次第に広まっていくのである。

物と人間を並べる考えは許されない

かつて多くの人間を戦争遂行のための国家の資源として扱い、動員した「人的資源」の発想は、北村徳太郎いわく「軍国主義の完全敗北とともに打ち砕かれた」はずであったにもかかわらず、その目的を経済復興に変えて、しぶとく甦ってきたといえる。戦争遂行であれ、経済復興であれ、それが国策として掲げられるとき、「人的資源」の発想と言葉はいわば融通無碍に装いを使い分けながら、人の頭のなかに入り込むものと思われる。

だが、そうした傾向に対して歯止めをかけようとする国会議員の発言もまだ見られた。たとえば一九五五（昭和三〇）年五月一七日の衆議院予算委員会で、右派社会党議員の井堀繁雄はこのような追及をしている。

「昨日のＩＣＣ（筆者注：国際商業会議所）の第十五回総会の開会式に鳩山さんが、総理の立場であろうと思いますが、挨拶をいたしております。その挨拶の中で、……（中略）……アジア地域は人的物的に膨大な資源を有しながら、資本及び技術の不足のために開発が十分に進展し得ず云々、こういう言葉を使っているわけであります。その全体の趣旨は私どもはよく了承ができるのでありますが、ここで聞き捨てならぬことは、アジア地域――日本だけではありません、アジア地域と言っておりますが、その人的資源という言葉を使っている。この人的資源という言葉はたびたび、戦争中にも問題になり戦後にも問題になったのです。……（中略）……こういう言葉の趣旨を一体どういう具合におとりになって発表されたのか、この機会に副総理からでもけっこうでございますから、伺っておきたい」

当時の首相鳩山一郎（日本民主党）の国際会議での発言を問題視するこの質問に対して、留守を預かる重光葵《まもる》（外相兼任）がこう答えた。

「この文字を用いました趣旨は、これは御了察を得ると思いますが、多くの人員を持ち、多くの労働力を持っておるということなのでございます。文字そのものが用語としてあるいは不適当であったかもしれませんが、それは精神はそこにないことを一つ御了承願いたいと思います」

この官僚的なそつのない答弁に対し井堀は、

「民主主義というものは人格尊重の上にある。物と人間とを並べて考えるということは、単に不用意だということでは許されまいと思う」と重ねて批判している。

戦前から労働組合運動に参加し、戦後は生活協同組合の活動にも力をそそいだ井堀は、その「人的資源」批判において、「日本だけでなくアジア地域と言っている」と鋭く指摘している。それは、かつて日本植民地下や占領下に置かれたアジア各地の人びとが、「人的資源」として強制労働に動員された史実を踏まえてのことであろう。

なお、この年一一月、日本民主党と自由党が保守合同して自由民主党を結成した。同年一〇月には左右両派の社会党も統一。いわゆる「一九五五年体制」の成立で、保守と革新の対立はありながらも、自民党の安定的多数優位による長期政権の時代が始まった。

時代の変化に適応して浸透する

戦後の日本経済は一九五〇年から数年間、朝鮮戦争による特需景気で潤い、息を吹きかえした。経済復興は軌道に乗り、昭和三〇年代になると高度経済成長の幕が開く。一九六〇（昭和三五）年に登場した池田勇人《はやと》内閣は、「国民所得倍増計画」を国家目標として打ち出した。池田は六一年九月二九日の参議院本会議で、

「所得倍増計画を立て、そうしてその手段として、減税と社会保障と、そうして倍増計画のもとをなす公共投資、そうして人的資源の育成、これは続けていくつもりでございます」と力説している。

戦後の経済復興が成し遂げられ、さらに高度経済成長に向かう時代になると、「人的資源」は単に

生産増強に必要な労働力としてだけではなく、重化学工業を中心とする産業構造の高度化や技術革新に対応できる知識と技術を持つ労働力の担い手という意味を伴うようになる。「人的資源」の発想は時代の変化に適応しながら、力を得ていく。

池田内閣の大蔵大臣で、後に「日本列島改造論」を唱えて首相となる田中角栄は、東京オリンピックが開かれた年の一九六四年三月四日の参議院大蔵委員会で、確信的にこう語った。

「日本のように原材料を持たない、ただ人的資源を持つだけの特殊な国は、結局外国から原材料を入れて、これに日本人のいい知恵による加工を加えて、これを逆に輸出する。それによって外貨をかせいで、それが日本人自体の生活向上をささえておるというのは、これは百年の歴史が実に如実に物語っておるわけであります」

つまり、「人的資源」を明治時代以来の日本の近代化と結びつけて説明している。高度経済成長の時代から、国会で「人的資源」という言葉は、池田や田中が使っているように、もっぱら産業立国・貿易立国のために活用すべき手段のひとつ、必要不可欠なものとして、積極的な意味で語られてゆく。「人的資源」を批判する議員の発言は、散発的にはなされるものの、昭和四〇年代後半からは影をひそめる。それは敗戦から時が経つのと比例しているかのようだ。国家総動員体制構築の過程で生み出され、戦争と軍国主義の歩みとともにあった「人的資源」の歴史が、あたかも払拭（実は忘却といえるが）されたかのように。「人的資源」の発想は装いも新たに、日本社会に浸透していった。

そして昭和から平成へと時代が移るとともに、行政改革・規制緩和・民間活力導入・国際競争力の強化・構造改革といったスローガンのもと、国会は「人的資源」活用論の花盛りといっても過言ではない状況を呈している。

一九九〇（平成二）年六月一八日の参議院本会議で、当時の海部俊樹首相は行政改革と規制緩和の推進に熱意を示しながら、こう答弁している。

「今や民間部門は大きな経済力、情報力、人的資源等を持つに至っており、これからの新しい社会の発展を担う原動力になるのではないでしょうか。公的規制の緩和を通じて民間が活力を発揮し、国民生活の質の向上、産業構造の転換、地域の活性化及び開かれた市場の形成を目指していくことは、今後の我が国経済社会の発展にとって不可欠の課題であると私は考えております」

一九九六年一二月四日の参議院本会議では、当時の橋本龍太郎首相が、

「大競争時代における人的資源、これはまさに御指摘のように、質の高い雇用機会をつくり出すために企業と労働に関する諸制度の改革を進めることが必要であります。このため、職業能力開発の推進体制の整備など労働・雇用制度の改革、企業組織制度の改革などを積極的に進めていきたいと思います。人の効率的な移動を支える基盤整備につきましては、特に高付加価値化、新分野展開を担う高度な職業能力を備えた人材の育成が急務となっております」と、グローバル市場経済での大競争時代に適応できる能力を「人的資源」に求める考えを強調した。

人間を使い捨てにする本質は変わらない

この海部・橋本発言のなかにある「公的規制の緩和」「企業と労働に関する諸制度の改革」は、聞こえはいいが、実は大変な問題を含んでいる。一九八〇年代後半に始まり、九〇年代から加速した労働法制の規制緩和による歪みにつながっているのである。

成果主義と一体化して労働時間のなし崩し的延長を招く裁量労働制の適用業務の拡大、女性の残業や深夜労働を規制してきた労働基準法の女子保護規定の撤廃、非正規雇用の増加をもたらした労働者派遣法改定による派遣業務の拡大と原則自由化。それらは「企業と労働に関する諸制度の改革」の名のもとにおこなわれてきた。

今日、不安定な非正規雇用の労働者を中心にワーキングプアと格差社会の問題が広がっている。一方、正規雇用が減らされたことで正社員の仕事量がさらに増え、長時間・過密労働を強いられ、ストレスも増大している。そのため、過労死や過労自殺の問題、過労自殺につながる鬱病など心の病の問題はますます深刻化している。

このような問題、歪みが起こっている背景には、「人的資源」の発想、「人的資源」活用論があるのではないか。派遣労働者など非正規雇用の労働者は、必要なときにだけ安いコストで調達できる「部品」のような労働力、「人的資源」として扱われている。正社員は「大競争時代」を勝ち抜ける能力と成果を求められ、長時間・過密労働に耐えられる労働力、「人的資源」として位置づけられている。

しかし、生身の人間から労働力や能力や技術だけを分離して、「資源」として取り出せるわけではない。労働には必ず体も心も伴う。体を動かし、頭を使い、心配りもすれば、人間は誰でも疲れ、ストレスも感じる。人間が「物的資源」と同じように「人的資源」として扱われるとき、心身にかかる負荷は重く、それが病気や怪我、心の病を引き起こし、死に至ることもある。過労死、過労自殺、労災事故、職業病などはその具体的現れだ。

たとえば戦後の経済復興と高度経済成長のため生産増強を担った炭鉱では、安全対策よりも利益と効率が優先され、落盤やガス爆発などの事故で多数の死傷者が出た。塵肺《じんぱい》の防止対策もなおざりにされ、多くの炭鉱労働者が病に苦しんできた。高度経済成長を支えた道路や鉄道のトンネル工事の労働者たちも、やはり塵肺に苦しんできた。

経済繁栄と経済大国化のかげで、過労死、過労自殺、労災事故、職業病などが後を絶たない背景に、人間を手段化し、使い捨てにする「人的資源」の発想があると思われる。その本質は国家総動員体制の時代と変わってはいない。その言葉を使う人が「人的資源」の歴史を知っているかどうかは別にしても。

「若年の失業、雇用の問題というのは社会的にも経済的にも極めて深刻であり、重要な問題だと思います。……（中略）……今若いとき、一番いろんなことを学ばなければいけない、職業として身に付けなければいけない時代にそういう機会がないというのは、将来のいわゆる労働人材資源、人的資源という観点から見ても非常に大きな国民経済的な損失になりかねない」（二〇〇四年一一月

二日、参議院内閣委員会。当時の竹中平蔵内閣府特命担当大臣）

「日本国内で本当に、ニートというのは働いていらっしゃらないわけでありますから、こういう人たちがいる、この存在をどうして労働力化しないのかというようなこともあります。つまり、日本人の人的資源をフル活用しないままに単純労働者を外国から入れるということをどう考えるのか」（二〇〇七年二月一九日、衆議院予算委員会。当時の塩崎恭久官房長官）

国会で、北村徳太郎らのような人格尊重の立場から「人的資源」の発想を批判する声が聞かれなくなって久しい。

二　「人的資源」活用論と雇用の流動化と労務統制

「物扱い」された派遣労働者

インターネットで人材派遣業界と業務請負業界の数多くの会社のホームページを見ていくと、「人的資源」という言葉が目につく。

「人材派遣のご利用は社外の人的資源を効率的・効果的に活用できる最善の経営選択です」

「変化するビジネス状況にフレキシブルに対応、人的資源の効果的な投入を図る具体的施策の提供を通じて、ビジネスに新しい可能性を拓きます」

「外部の人的資源を有効活用し効率的に組織力を強化したいとお考えの企業様へ、優れたキャリアを持つ人材を派遣します」

「人的資源の最適化とコスト削減を実現し、企業の経営リソースをコア業務に集中させることが可能」

「アウトソーシング（業務請負）を活用すれば、効率的な運営とより戦略的で中核的業務への正社員様のパワーシフトが可能となります。業務や人材資源の縮小だけではなく、人的資源の有効活用によってはじめてコストダウンが実現されます」

こうした文章は主に「企業ご担当者様」「法人向けサービス」といった表示をクリックすると現れるページに載っている。「人的資源」や「人材」というレッテルを貼られた人間が、まるで商品のように扱われている。

二〇〇八年一月の各種新聞記事によると、〇七年八月中旬から九月中旬にかけて、日雇い人材派遣大手グッドウィルから西武グループの運送会社西武運輸に派遣された労働者たちを、西武運輸が違法に二重派遣していた。西武運輸は一日数十人の派遣労働者を、千葉県市川市内にある物流会社の倉庫に送り込み、その物流会社の指揮・命令のもとで働かせていた。この二重派遣は職業安定法が禁じる「労働者供給」にあたり違法である。

西武運輸は派遣労働者を自社のトラックの荷台に乗せて、市川市内のＪＲ駅から物流会社の倉庫まで運んでいた。これは道路交通法に違反している。派遣労働者はまるで物のように扱われたのである。

グッドウィルはほかにも、二重派遣や禁止業務（港湾運送）への派遣を承知のうえで、大手物流会社の佐川グローバルロジスティクスや東和リースなど三社に違法派遣をおこなっていた。そのため、厚生労働省から二〜四カ月の事業停止命令を受けた。佐川グローバルロジスティクスなど三社も事業改善命令を受けた。

人材派遣会社、派遣先の企業、二重派遣先の企業、その三者が低賃金・不安定雇用の派遣労働者を違法に使い、ともに利益を得ていたわけである。しかし、これらは氷山の一角であり、違法な二重派遣や禁止業務への派遣が横行してきたのが実態である。

非正規雇用の激増

厚生労働省によると、二〇〇八年度の派遣労働者数は約三九九万人で、過去最多を記録した。一〇年前の約一〇〇万人と比べ四倍にも増えた。そのうち仕事があるときにだけ派遣される登録型派遣（日雇い派遣も含まれる）の労働者が約二八一万人で、全体の約七〇パーセントを占める。

また、総務省発表の「労働力調査」によれば、派遣、請負、契約社員、パート、アルバイトなど非正規雇用の労働者数は二〇〇七年六月の時点で、約一七三一万人に達し、〇八年には一七五〇万人を超えた。その割合は日本の全労働者数の約三五パーセントにも上る。いまや労働者の三人に一人は非正規雇用である。労働者派遣法が施行された一九八六年の非正規雇用労働者数が、約五二三万人で、全労働者数の約一七パーセントだったことから見ると、ここ二〇年あまりの間に非正規雇用がいかに増えたかがわかる。

非正規雇用の労働者は雇用の不安定さと低賃金と職場における弱い立場に悩まされている。正社員の人員不足のしわ寄せを受けて、長時間労働や危険な仕事を強いられることもある。派遣労働者や請負労働者の場合、雇用契約は人材派遣会社や業務請負会社と結んでおり、実際に働く職場のある会社とは雇用関係がない。そのため、労働基準法や労働安全衛生法に基づく雇用者側の安全配慮義務の責任が曖昧になりがちだ。労働時間の管理や安全対策がおろそかにされたり、事故など労災にもつながりやすい。

非正規雇用の激増は、日本企業の雇用に関する経営方針の変化によって引き起こされた。一九九〇年のバブル経済崩壊後、大企業を中心とする財界に、長びく不況から抜け出すには国際競争力の強化が必要だという考え方が広まった。人件費を削減し、コストダウンを図らなければならないとして、リストラによる人員削減などが進められた。それは、正規雇用を減らして非正規雇用に置き換える雇用構造の改変につながってゆく。

雇用構造の改変を方向づけたのが、一九九五年に日経連（二〇〇二年に経団連と合併し日本経団連に）が出した提言「新時代の『日本的経営』」である。それは従来の終身雇用制・年功序列型賃金制を変え、雇用の多様化・流動化と人件費削減を目指すものだった。労働者を①長期蓄積能力活用型グループ②高度専門能力活用型グループ③雇用柔軟型グループに分け、①は管理職・総合職・技術部門の基幹社員で終身雇用、②は企画・営業などの専門職で契約社員や派遣社員など有期雇用、③は一般職でパートやアルバイトや派遣社員など有期雇用と位置づけた。

②と③のグループは昇給も退職金も企業年金もない非正規雇用である。必要なときに必要な人数だけ雇い、要らなくなったら契約を打ち切れ、しかも人件費が安くつくという、企業にとっては使い勝手のいい労働力扱いである。

こうして雇用の多様化・流動化が進んだ結果、国税庁の調査によると、年収二〇〇万円以下の労働者がほぼ一〇〇〇万人に達している。働いても生計を維持するのが困難なワーキングプアの増加は社会問題化した。正社員も仕事量が増え、長時間・過密労働と成果主義導入によるストレスから、過労死や過労自殺の問題も深刻化している。

一方で、人件費削減でコストダウンに成功し、国際競争力をつけた大企業は輸出を増やし、二〇〇二年から〇八年にかけて過去最高の利益を更新した。二〇〇七年度『経済財政白書』によると、資本金一〇億円以上の大企業製造業の一人当たり役員報酬の水準は、一人当たり従業員給与の五倍近くにまで増えた。

「人的資源」がキーワードに

雇用構造を改変するためには、派遣労働の対象業務を拡大するなど労働法制を変える必要があり、財界は政府・与党に強く働きかけてきた。それは一九八〇年代半ばから政財界で勢いを増した、市場万能の新自由主義に基づく規制緩和路線の一環でもあった。

たとえば経団連は、一九九八年に発表した提言「経済再生に向け規制緩和の推進と透明な行政運営体制の確立を求める」で、次のように主張した。

「少子・高齢化が進展する中で、既存産業の活性化、新産業の創出など産業構造の高度化を通じてわが国経済が活力を維持・向上していくためには、円滑な労働移動や就労形態の多様化を支える労働力需給調整システムを整備することが不可欠である」

この「円滑な労働移動や就労形態の多様化」とは、非正規雇用を増やす雇用の流動化にほかならない。「労働力需給調整システムの整備」とは、人材派遣や業務請負を通じて、低賃金労働者を必要な企業に供給できるようにすることだ。提言は、労働者派遣の対象業務の自由化や職業紹介事業の自由化などの要望を掲げている。

「限られた人的資源を有効に活用する観点から、労働者の能力や意欲が十分に発揮されうる雇用・労働環境を早急に整備していかねばならない」ともあり、労働契約期間の上限延長や裁量労働制をホワイトカラーに拡大するなどの労働基準法見直しも唱えている。

財界からの提言と、政府が設置したいくつもの諮問機関（メンバーは主に有力財界人と財界の考え方に近い学者）による提言でも、「人的資源」がキーワードのひとつになった。小渕恵三内閣時代の諮問機関だった経済戦略会議が、一九九九年に答申した「日本経済再生への戦略」には、こう書かれている。

「産業構造が変化する中で、人材を必要以上に特定の企業・産業に固定することは、人的資源の有効活用を妨げ、経済活力を低下させることになる。日本経済の構造変化に対応する形で、雇用がより生産性の高い産業・企業に容易に移動することができれば、生産性が上昇する」

そして、「労働者派遣及び職業紹介の対象職業を早期に原則自由化し、労働市場におけるミスマッチを解消する。雇用の流動化が進めば、雇用情報サービス産業が発展することが期待される」との要望が出された。

当時の経済戦略会議議員は樋口廣太郎（アサヒビール名誉会長）、井出正敬（西日本旅客鉄道会長）、奥田碩（トヨタ自動車社長）、伊藤元重（東大教授）、竹中平蔵（慶応大教授）ら一〇人で、すべて有力財界人と学者である。なお、肩書は当時のものだ。

一九九九年、労働者派遣法は改正され、派遣対象業務が原則自由化（港湾運送、建設、警備、医療、製造の業務は除く）された。職業安定法も改正され、有料職業紹介の対象職業が拡大された。

経済戦略会議の後を継ぐ経済財政諮問会議の答申で、小泉純一郎内閣当時の二〇〇一年に閣議決定された「今後の経済財政運営及び経済社会の構造改革に関する基本方針」には、「『知識／知恵』は技術革新と『創造的破壊』をとおして、効率性の低い部門から効率性や社会的ニーズの高い成長部門へとヒトと資本を移動することにより、経済成長を生み出す。資源の移動は『市場』と『競争』を通じて進んでいく」という一節がある。つまり、ヒト（人）は資本（金銭など）と同じように経済の資源と見なされ、市場での競争原理に委ねられるべきだというのである。

経済財政諮問会議の産業競争力戦略会議が二〇〇二年に出した「競争力強化のための6つの戦略」

でも、「雇用機会の拡大」と「労働移動の円滑化による人的資源の最適配分の実現」が重視され、「労働者派遣の規制緩和（生産現場の対象化、派遣期間の延長）」などの早期実施が提案された。翌年、職業安定法と労働者派遣法が改正され、製造業（生産現場）への派遣が解禁された。派遣期間制限も原則一年から三年に延長された。

つまり、一九九〇年代後半から次々に、財界と各諮問機関の提言どおりに労働法制の規制緩和がされたことになる。選挙で選ばれたわけでもない有力財界人と一部の学者が、諮問機関のメンバーに任命され、多くの人びとの生活と人生を左右する政策や法規制の緩和を方向づけたのである。

米国企業の利益にも

雇用の流動化の背景には、米国の財界と政府の意向もある。米国側は日米財界人会議や日米投資イニシアティブなどを通じて、労働法制の規制緩和を求めてきた。労使間の解雇紛争での復職に替わる金銭解決制（金銭を払えば解雇が容易になる）の導入、労働時間規制の適用除外の拡大（残業代なしの長時間労働をもたらすホワイトカラー・エグゼンプション）、労働者派遣法の規制緩和などだ。日本の財界もそれらを同様に求めてきた。

二〇〇七年一一月の第四四回日米財界人会議の共同声明にも、「日本経済がよりグローバル化するにつれ、時代のニーズに合わない労働法制のままでは、日本企業の競争力を損なうだけではなく、グローバル企業の投資対象国としての日本の魅力にも影響を及ぼす」とあるように、対日投資を増やし、日本の市場に進出している米国の多国籍企業・金融資本の利益がしっかりと考えられている。

日本での米国企業の利益を守るための団体が、在日米国商工会議所（ＡＣＣＪ）だ。約一四〇〇社を代表する会員からなる、日本で最大の外資系経済団体である。そのホームページによると、活動は「グローバルに事業を展開する会員企業の利益の保護と日米間のビジネスについての最新情報の提供」などを中心にしている。

具体的には、「メンバー企業の日本での事業の成功に影響を及ぼす、あるいはその存在を左右し得るような日米両国政府の動静を監視し、見解を発表。日本政府へも積極的に働きかけ、市場アクセスの改善、外国直接投資受け入れ拡大、意義ある規制緩和の実行」などを求めている。「日米の主要議員や政府高官と意見交換」し、「議員への個別訪問」もおこなう。日本経団連や経済同友会など財界団体とも交流する。

こうした「政策提言活動」のひとつ、二〇〇六年『ＡＣＣＪビジネス白書』の第一一章は「人的資源」と題され、次のように書かれている。

「人的資源こそが経済における『付加価値』である。『人的資源』とは、人やその潜在能力を意味し、マクロ経済とミクロ経済の両方の側面を持つ。マクロ経済的な観点では、人的資源とは国の経済を支える人材の質や量を意味し、ミクロ経済的な観点では、ある組織における採用、能力開発、および管理の対象となる人員を指す」

米国では、「人的資源」とは人間そのものをも意味し、人間を資本・原料・資材・情報・技術力などとともに経済・経営の資源と見なしている。日本でも、「人材資源」といった言葉が「人的資源」と同じ意味合いで使われているように、ほぼ同様であろう。

「グローバル経済の一体化が進むにつれ、人的資源は国や企業の競争力と密接な関連を持つ。長期的に競争に勝つための各企業や国の能力は、人的資源の種類、利用可能性、および柔軟性と深く結びついている」

このように「競争に勝つため」の「人的資源の種類、利用可能性、柔軟性」を重視する在日米国商工会議所は、「厳しい競争およびコスト削減圧力に直面している企業にとっては、派遣労働者やパート労働者の活用は人的資源戦略の柱」だと指摘する。

そして、解雇紛争での金銭解決制の導入、ホワイトカラー・エグゼンプション、派遣労働対象職種の全面自由化、派遣期間制限の撤廃などを日本政府に要望する。それらは日本企業の利益にも、米国企業の利益にも結びつくというわけである。

人間の手段化

『戦時経済と労務統制』（内藤寛一著、産業経済学会、一九四一年）という本がある。太平洋戦争が始まる年の二月に出た同書の著者は、当時の厚生省（現厚生労働省）職業局長である。

厚生省は日中戦争が始まった翌年の一九三八（昭和一三）年に、内務省から分かれて設置された。国民の体力向上、保健衛生の改善、社会保険や労働行政の管轄などを目的とし、それは国家総力戦に必要な兵力と労働力の維持・供給のためであった。当初は、政府内で社会保健省という名で構想され、その「設置ノ理由」がこう提唱された。

「人的資源ノ改善充実ヲ図リテ国民的活動力ノ源泉ヲ維持培養シ産業経済及非常時国防ノ根基ヲ確立スルハ国家百年ノ大計ニシテ、特ニ国力ノ飛躍的増進ヲ急務トスル現下内外ノ状勢ニ鑑ミ喫緊ノ要務タリ」(『国家総動員史』資料篇第四、石川準吉著、国家総動員史刊行会、一九七六年、六七一頁)

「戦時に際し、国防目的達成のため、国の全力を最も有効に発揮せしむるよう人的及物的資源を統制運用する」ための国家総動員法も、同じ年に制定されている。

国家総動員体制のもと、必要な労働力を軍需産業にいかに配置するかなど、「労務配置」を統制する中央機関が厚生省職業局だった。『戦時経済と労務統制』(二五頁)によると、「労務配置」の目的は「人的資源を国家の要望に即応して最も効果的に配置しようとするもの」であるという。

「適材を適所に置くこと自体がすでに労務資源の能率的利用の所以であるが、さらに能率低下を防止する方法を講ずる必要がある。かかる見地から見ても、労務者の移動といふことは望ましくないのであって、労務者の移動防止方策はここにも重要な意義を有する。……(中略)……労務者を能率的工場事業場に集中するやうに配置することが必要である」(『戦時経済と労務統制』二七頁)

当時、多数の男性が軍隊に動員され、国内は労働力不足だった。しかも拡大する軍需産業では技術者や熟練労働者の不足が深刻化していた。企業間の引き抜き合いが見られ、高賃金を求めて会社を移る者も多かった。それでは軍需生産の効率が落ちるため、政府は一九四〇年従業者移動防止令を定めて、引き抜き行為を禁止するなど対策をとった。

しかし、労働力不足は解消されず、国家総動員法に基づく国民徴用令によって、日本人だけでなく植民地支配下の朝鮮人をも含めて強制動員をおこなうのである。この「労務配置」と徴用を担当したのが厚生省だった。

戦時統制経済下にあった当時、国家が労働者を統制し、「労務者の移動」つまり雇用の流動化は望ましくなかった。いまは新自由主義的なグローバル経済が広まるなか、企業のコストダウンと国際競争力強化のために、「労働移動の円滑化による人的資源の最適配分の実現」（経済財政諮問会議）を財界と政府が望み、市場原理に基づく雇用の流動化をもたらしている。その方向性はちがうが、労働者を「人的資源」と見なして、かたや国家総力戦の遂行のため、かたや国際競争力強化と経済成長のため、能率的に有効活用するという発想においては共通している。

いずれも「人的資源」を統制あるいは活用する側が主体的・能動的で、「人的資源」と見なされる側は客体化され、受動的な位置づけをされている。「人的資源」とは、上から下へのベクトルに沿って使われる言葉であり、いつも統制・配置・活用・利用・投入・配分などの行為の目的語とされている。主語にはなれない言葉だともいえる。この言葉は人間の手段化に結びつく。

三　派遣労働者たちの声と姿をとおして

派遣労働者の集まる駅

東京駅からJR京葉線に乗り、およそ三〇分で千葉県市川市の二俣新町駅に着く。駅周辺から南の埋め立て地にかけて、大手の運送会社や流通企業の配送センター、大企業系列の倉庫が立ち並んでいる。そこでは、荷物の仕分けや積み降ろし、商品の梱包や検品といった仕事に、多くの非正規雇用労働者が従事している。直接雇用のパートやアルバイト、間接雇用の派遣など、その雇用形態は様々である。

日雇い人材派遣大手グッドウィルの派遣労働者が、派遣先の西武運輸のトラックの荷台に乗せられ、違法な二重派遣先の物流会社の倉庫に運ばれたのもこの駅からだった。

昼間は乗降客も少なく、駅前にコンビニが一軒あるだけの小さな駅だ。しかし早朝には、パート、アルバイト、派遣の仕事をする若者たちがたくさん集まってくる。私は、低賃金・不安定雇用の派遣労働者に話を聞かせてもらおうと、二〇〇八年二月一日（金）、午前六時五六分着の電車で二俣新町を訪れた。

上下線の電車が着くたびに、ジーンズにジャンパーやダウンジャケット姿、スニーカーを履いた若い男性や女性が次々に改札口を出てくる。ほとんどが男性である。コンビニに立ち寄ってパンやおにぎりや飲み物を買っては、吐く息も白く、足早に職場に向かう。会社の送迎マイクロバスに乗り込む人たちもいる。携帯電話を手にして数人で待ち合わせてから行く姿も見られる。

コンビニの前で煙草を吸ったり、缶コーヒーを飲んだりしている人に話しかけてみた。「派遣の仕事をされている方ですか?」と、二十数人の男性に声をかけたが、「いえ、ちがいます」と答える人がほとんどだった。アルバイトや有期の契約社員というケースもあるが、実際は派遣労働者でも否定した人もいたかもしれない。取材に応じてくれたのは三人だった。最初は三九歳の男性で、午前八時からの仕事に向かう前に一服していた。

「仕事は午後五時まで。インターネットで注文を受けるDVDレンタル会社の倉庫でピッキングをしている。ピッキングというのは、伝票に応じて配送するDVDを棚から選び出す作業で、昼休みと休憩を除いて実働八時間」

「人材派遣会社から支払われる日当は、交通費込みで七五〇〇円。交通費は片道一〇〇〇円を超えると、超えた分が別に支給される。日当は日払いで、派遣会社の営業所に取りにいく。いまの倉庫は去年の一二月初めからで、週五日働いている。いまは夜勤はしていない。月収は一五万円くらいで、独り暮らしだから、無駄な生活をしなければ暮らせる」

無駄な言葉は口にしたくないといった様子で、質問にも短く答えるだけだ。

派遣先では約三〇人が働き、そのうち正社員は数人だけ。あとはパート労働者が数人と、二つか三つの派遣会社からの派遣労働者が二〇人弱いるという。発送の多い週末前の木曜日と金曜日、返却の多い月曜日が忙しく、それに合わせて派遣労働者の人数が増減する。需要に応じて必要なだけ呼べる派遣労働者は、企業にとって使い勝手のいい、安い労働力として位置づけられていることがわかる。

「派遣の仕事は五年ほど続けている。主にピッキング、トラックの荷物の積み降ろし、引っ越し作業などをしてきた。以前は一日だけの仕事もしたが、基本的には三カ月契約で、たいてい延長もできる。いやになったらやめて、ほかを探す。やりたくない仕事、特に事故が起きるような危険な仕事はしない。体が資本だから。現場によっては、倉庫の高い天井の蛍光灯を、フォークリフトの先に乗って取り替えてくれと言われたりする。でも自分は、危険だからと断る。二メートル以上の高所作業は派遣会社の規定でも禁止されている。派遣会社から最初に知らされた労働内容以外はできないと言う。奴隷じゃないもん。断ったら仕事が来なくなるという不安はない。登録する派遣会社を変えればいいから。いまの派遣会社は三社目になる」

「奴隷じゃないもん」と語調を強めた彼に、「職場で派遣労働者はどのように見られていますか」と、あらためて聞いてみた。

「正社員、その下に契約社員、アルバイトやパート、さらにその下に派遣がいるという感じ。ヒエラルキーがある。平等ではない。どこの会社でもそうでしょう。派遣はニートあがりで仕事ができないと見られているけど、実力で示せばいい。不満は言いたくない。自分で選んだ道だから」

終始身構えた感じの話し方だったが、最後は自らに言い聞かせるような口ぶりだった。語りおえると、職場へ急ぎ足で向かった。

派遣とコストダウン

次に話してくれた三三歳の男性は、同じ派遣会社からの労働者と待ち合わせをしていた。外向的な性格なのか、よどみなく語る。

「ゲームソフトやＤＶＤの倉庫で出荷商品のピッキングをしています。三カ月目です。仕事は午前九時から午後六時まで。時給は九〇〇円。二、三時間の残業をする日もあります。通勤時間は一時間弱です。ピッキングは個人の能力にもよるけど、一日に一人あたり二〇〇〇から三〇〇〇件数を選び出します。慣れるまで大変です」

倉庫では一〇〇～一五〇人が働き、運送会社の正社員が二〇人ほどいるほかはすべて派遣労働者だという。正社員は全体を管理し、実際に体を動かすのは派遣労働者だ。ピッキングの担当は四〇～五〇人で、仕事慣れしている派遣労働者が新しく来た人にやり方を教えるのだという。

「正社員から、『派遣どうしで仕事を教えるように』と言われています。ただ、派遣の場合はしょっちゅう顔ぶれが変わるので、そのつど教えるのが大変です」

本来は正社員がすべき業務内容の指導まで派遣労働者に任せているのである。職場は派遣労働者抜きでは成り立たなくなっている。しかし、正社員並みの仕事をしても低賃金・不安定雇用であることに変わりはない。

企業がいかに正社員を派遣など非正規雇用労働者に置き換え、人件費を削減し、コストダウンをしているかがわかる。そのコストダウンから利益が生まれてくる仕組みだ。非正規雇用労働者の存在を前提にして、企業経営が組み立てられている。仕事が忙しい曜日に合わせて派遣労働者の人数が増減するのもそうだ。財界が求め続けてきた「労働移動の円滑化による人的資源の最適配分」とは、このように企業に有利に具現化している。

「派遣は不安定で低賃金、使い捨ての面は確かにありますね。派遣先から無理な要求をされたりもします。用事があって残業はしないと告げていても、無理やり残業していけと言われたり。俺は断りますが、気弱な人、人見知りするタイプだとなかなか断れません。以前、ビルの建築工事に派遣されたことがありました。派遣対象外の禁止業務で、危険な現場です。ヘルメットを渡され、高い所の足場に上って仕事をするようにと言われて戸惑いましたが、仕方ありません、働きました」

それでも彼は、派遣労働にはメリットもあると言った。

「派遣の仕事は三年くらいしていますが、その前は一一年間、ある工場で正社員として働いていました。しかし、上司とけんかをしてしまい、居づらくなってやめたんです。派遣のほうが気楽ですね。嫌になったらやめて、ほかを探せばいい。それも派遣会社が探してくれます。いまは残業代を入れて月に一八万から二〇万円で、正社員の頃より少ないですが、なんとかやっています」

派遣会社によるマージン（一般的に三割〜四割）について、「中間搾取だと思いませんか？」とたずねると、「派遣会社が仕事を集めてくるわけだから、マージンがあるのも仕方ないんでしょうね」

という意見だった。

危険な労働現場

三人目は二八歳の男性で、テレビ番組制作会社の契約社員としてアシスタント・ディレクターをしながら、月に五回ほど日雇い派遣で働いているという。

「契約社員の給料は二〇万円です。借金を返さないといけないので、この仕事も四年ほどしています。主に倉庫での荷物の積み降ろしや引っ越しです。登録しているのはグッドウィルですが、営業停止前に決まっていた仕事ならできるそうです。日当は六〇〇〇円から七〇〇〇円。今日は夕方まで倉庫の仕事です」

笑みを浮かべながら話す青年は、以前、港湾地区らしき所の倉庫で働いたことに触れると、荷崩れに巻き込まれるのではないかなど危険を感じたと真剣な表情になった。

「船からコンテナがトラックで運ばれてきて、倉庫に横づけされます。僕らはコンテナの荷物をフォークリフトのパレット（荷置き台）に乗せたり、倉庫に積んだりする作業をしました。危険を伴うし、重労働で、夏は特にきつかったです。港湾での作業は派遣の禁止業務なんですが、グッドウィルの違法派遣が問題化する前でしたからね。当時はわかりません。幸い怪我などはしませんでしたが」

ビル建築工事といい、港湾地区の倉庫といい、未経験の派遣労働者に安全教育も施さず、安全対策もなされぬまま、危険な現場に違法派遣という実態がある。

深刻な事故も起きている。各種報道によれば、二〇〇七年二月、江東区青海の三井倉庫の構内で、グッドウィルの派遣労働者が荷崩れによって左膝骨折の重傷を負った。貨物船から降ろした重さ二五キロの粉詰め脱脂粉乳をフォークリフトのパレットに積み上げる作業中のことだった。グッドウィルから東和リースに派遣されていた労働者は、三井倉庫の下請けの笹田組に違法な二重派遣をされていた。本人は二重派遣のことも、港湾作業への派遣が違法なことも知らなかったという。

また、建物の解体現場で粉塵やアスベストが舞うなか、正社員は防塵用マスクをしていたのに、派遣労働者はコンビニで普通のマスクを買うのを勧められただけ、という事実も報じられている。

厚生労働省が二〇〇八年に発表した調査報告によると、派遣労働者の労働災害（死亡や休業四日以上の負傷）による死傷者数が激増したことがわかる。製造業への派遣が解禁された二〇〇四年は六六七人だったのが、〇五年は二四三七人、〇六年は三六八六人、〇七年は五八八五人に達した。三年間で九倍にもなった。

正規・非正規雇用を合わせた全労働者の労働災害による死傷者数が、〇四年で一三万二二四八人、〇七年で一三万一四七八人と、ほぼ変わらないのに比べて、その激増ぶりが目立つ。

二〇〇七年の五八八五人のうち、最も多いのが製造業で二七〇三人、次いで運輸交通業の三一六人、商業の三〇八人、貨物取扱業の一二七人などである。死亡者は三六人（製造業一八人、建設業一一人、その他七人）で、機械に巻き込まれるなどの事例が多い。

この調査結果からも、派遣元・派遣先の企業が派遣労働者への安全対策をいかに怠っているかがわかる。

「日雇い派遣はきつければ休めるし、自由が利きます。でも、やりたくてやっている人は少ないでしょう。リストラで職を失った中高年の人たちと、同じ現場で働くこともあり、昼休みに話を聞くと、生活が大変そうです。僕はいまの会社に勤めて三年目です。契約は一年更新で、あと一年半くらいでなんとか正社員になれる見込みなんです」

彼はがんばって正社員を目指したいと強調した。

日雇い派遣を経験してみる

私は派遣労働について少しでも知りたくて、自分も人材派遣会社に登録してみることにした。インターネットで調べると、数多くの派遣会社のホームページに、「一日～ＯＫ！　勤務日はお好きな日を選んでいただけます。履歴書不要の簡単登録。未経験者歓迎。全額日払いＯＫ！」といったキャッチフレーズが並んでいる。

二月四日、自宅のある私鉄沿線の日雇い派遣大手の営業所を訪ねた。小さな貸しビルの一室で、看板もなく目立たない。若い男女の社員が四人、パソコンに向かったり、電話をかけたりしている。登録と就業の説明を受ける。派遣労働者は各自のＩＤとパスワードを持ち、携帯やパソコンで会社のサイトにアクセスし、各自専用ページにログインして仕事を選ぶようになっている。履歴書は不要で、登録用紙に住所氏名などを記入した。説明はきわめて事務的で、マニュアルどおりとの印象である。

仕事内容の希望を聞かれたので、ピッキングのような軽作業を挙げておいた。

「安全教育」として、「港湾運送・建設・警備・医療は労働者派遣法の禁止業務、当社規定の禁止作業は車輌の運転と建築物の解体と一・五メートル以上の高所作業、もしも派遣先でそれらの仕事を求められたら、断って、営業所まで連絡するように」と言われた。そのほかに、「手元足元に注意し、無理をせず、派遣先の指示に従うこと」などを指摘された。以上の諸注意が書かれた書類に署名・捺印を求められ、「安全教育」は五、六分で終わった。実に心もとない「安全教育」だ。人材派遣業における労働者の安全への配慮の度合いがうかがえる。

仕事はすぐにあると思っていたが、専用ページにログインしてもなかなか仕事情報が入ってこない。ようやく、「一二月九日、食品工場でのおにぎり製造補助、一二時〜一六時、時給八五〇円、一名」という情報が入り、日程的にもう待てないので行くことにした。派遣登録の際に、「いまの時期は仕事が少なくて」と言われたのを思い出す。

派遣先には一五分前に到着の指示どおり、東京都内にある工場の事務所を訪ねた。挨拶もそこそこにロッカールームで白ずくめの衛生作業服と帽子とマスクを着用してと言われる。他の派遣会社からの労働者（三十歳台らしき男性）とともに、若い女性社員の後について急ぎ足で作業場に向かう。入念な手洗い、アルコール消毒、エアシャワーでの塵落としをする。

五〇人近くがあわただしく働いている。若い女性や中年女性のパート労働者が主力らしい。スーパーやコンビニで売られるおにぎり、巻き寿司などを作っている。炊き上がった大量のご飯が機械で三角おにぎりの形に固められて、次々とベルトコンベアーに出てくる。一人が梅干しやタラコなどを乗せ、もう一人が海苔を巻く。それらを注文の数にそろえて出荷用ケースに並べては、配送先別に分けるのが私の仕事だ。

パートの中年女性が手短に繰り出す指示に従うが、要領を呑み込むまでが大変だ。単調な作業、立ちっぱなしで息つぐまもなく、数や配送先をまちがえないように神経を使う。衛生管理も厳重で、ケースの抗菌シート以外のところに触れたら、使い捨てビニール手袋をすぐ取り替えるよう何度も注意された。三人一組で、二時間あまりで何百個作って仕分けしたのかわからないが、その後、おにぎりを一個一個プラスチックのパックに詰めてラベル貼りをした。私は終始、「兄《にい》ちゃん」と呼ばれながら指示を受けた。

日雇い派遣を入れる理由が、パートの欠員によるのか、注文が多くて忙しいからなのかわからない。現場でお互いの紹介もなく、右も左もわからぬまま指示に従っているうちに、派遣労働者の立場の曖昧さ、寄る辺なさを感じた。自己の存在感が希薄というか、あやふやで、確かにこの場所にいて仕事をしているという実感が湧かない。透明な存在、あるいは影になったかのようだ。

派遣先の企業は雇用関係のない派遣労働者がどんな人間なのかに関心はなく、必要に応じて「部品」のように使うだけだ。派遣会社にしても、営業所での様子から、派遣労働者個々人への関心は希薄で、労働力という「商品」のように見なしている印象を受けた。

一緒に働いているのが誰かも知らず、向こうもこちらが誰なのかも知らないし、知る必要もない仕組みになっている。その仕組みのなかに、派遣労働者は需要に応じて「部品」として送り込まれ、時間が来れば「部品」が取りはずされるようにして立ち去る。

狭い作業場では、出荷用ケースや炊き上がったご飯入れケースを、はめ込み式台車に二メートルあまりの高さにまで積み上げ、そのつど動かして、いくつも並べる。ご飯入れケースは重さ一〇キロほどか。私はそれが重いケースだと、作業開始約一時間後に、それを取ってくるように指示されて初めて知った。荷崩れしたら怖いなと思ったが、あらかじめ注意も受けていなかった。機械に手をはさまれないようになどの安全教育もなかった。派遣先の企業にも労働者派遣法や労働安全衛生法に基づく安全配慮義務があるはずなのだが。

予定どおり仕事をした証明として、派遣会社での日当受け取りに必要な管理票に、就業時間確認とサインをしてもらう。若い女性社員は無表情にボールペンを走らせ、私の顔も見ずに手渡した。自分が伝票ひとつでやりとりされる「商品」になったような違和感と消耗感を覚えながら、私は工場を後にした。

見えない壁

ある女性派遣労働者(三二歳)にも話を聞くことができた。彼女はテレビ番組制作会社の入社試験に落ちたが、メディアの仕事に就くのをあきらめず、二〇〇一年に大学を卒業後、生活のために派遣の仕事を始めた。「就職氷河期」といわれた頃で、正社員の採用が少なく、派遣やアルバイトをせざるをえない同世代の友達も多い。

最初に登録したのは不動産業界専門の人材派遣会社で、マンションのモデルルームの受付・接客・事務をした。一緒に働く派遣労働者はみんな女性である。時給は八五〇円で、埼玉県の地元のコンビニやファミリーレストランなどのアルバイトよりも高かった。

そこでは三年近く働いた。仕事は朝九時から夕方五時または六時まで。現場によって一人から数人が派遣された。規模の大きい所では、複数の派遣会社から人が呼ばれるので、何十人にもなった。働ける日数は、同僚とのローテーションやマンションの売れ行きにも左右され、平均して月に一五日ほどだった。月収は一〇万～一二万円で、親元に住んでいなければ暮らすのは困難な額であった。

「派遣先では、お客さんにお茶を出すタイミングやスリッパのそろえ方、不動産会社の営業所長や営業マンに出すコーヒーの砂糖やミルクの量など、細かく神経を使いました。『気がきかない』と文句を言われたり、『気を回しすぎだ』と言われたり、大変です。気に入らないと、派遣会社に『あの子はもう来させなくていい』とクレームが入ります。『今度の受付の子は陰気くさい。そぐわないので替えて』とか平気で注文もつけてきます。いつも自分がどう評価されているのか気になって、ストレスも溜まりました。たとえ一生懸命やっても、いつでも取り替え可能な物のように扱われているんだなと感じるんです」

派遣会社にとって派遣先の企業は顧客だ。派遣会社間の営業競争も激しく、仕事のためには時に無理な要求にも応じなければならない。そのしわ寄せは派遣労働者に行く。

「本来の契約にある仕事以外に、洗い物やゴミ出しなど雑用も引き受けざるをえません。雑用は派遣がやって当然と思っているのか、ありがとうと人間味のある言葉をかけてくれる社員は少なかったですね。派遣労働者と正社員との間には見えない壁があるんです」

派遣会社の社員もまた、企業側の要求やクレームと派遣労働者からの不満の板ばさみになり、ストレスで髪が薄くなった末に辞めた若い社員もいたという。

その後、彼女は別の派遣会社に登録し、クレジット会社のコールセンターで返済督促の電話をかける仕事や、テレビ局で生活情報番組の内容をホームページで紹介する仕事などをしている。

四人の派遣労働者の実感のこもった言葉を通して、利益・効率最優先の市場経済の論理と力が浸透した社会の断面が透かし見えた。私自身、ごく短時間の限られたものではあるが、日雇い派遣を経験してみることで、「労働移動の円滑化による人的資源の最適配分」がもたらす現実の一端に触れた。それは、誰しもが市場経済の論理と力のシステムに否応なく組み込まれている現実でもある。

人材派遣会社と派遣先企業との間には、労働力を売買するという商取引契約が結ばれている。派遣先企業は派遣労働者を直接雇用しているわけではないので、派遣労働者の賃金は人件費ではなく物件費や物品費として処理される。そして人材派遣会社に支払われた金額からマージンを引かれたものが、派遣労働者の手に渡る。

一般的に派遣先企業では、派遣労働者の管理に関しては人事部ではなく、総務部や工務部や調達部といったセクションが担当している。物資同様の調達をイメージさせるこうした管理手法も、賃金に物件費や物品費が充てられていることも、派遣労働者が「商品」「部品」として物扱いされている現実を端的に表している。

二〇〇八年末、世界的不況を理由に、トヨタ、いすゞ、マツダ、キヤノン、パナソニックなど、自動車産業や電機産業などの大企業が、非正規雇用労働者を大量解雇し、「派遣切り」「非正規切り」と呼ばれる深刻な社会問題が起きた。それはまさに利益・効率を最優先して労働者を使い捨てる「人的資源」の発想がもたらしたものである。厚労省の発表によると、〇八年一〇月から〇九年一二月末までの非正規雇用労働者の失業者・失職予定者は、二四万六八四七人に達している。

四　若き派遣労働者の過労自殺

ホワイトボードに残された文字

一一年前の春、ひとりの若者が埼玉県熊谷市にあるアパートの一室で、ホットプレートの電気コードで首を吊って、息絶えていたところを発見された。自殺であった。一九九九（平成一一）年三月一〇日のことで、警察の推定では死後五日が経っていた。

亡くなったその男性は上段勇士《うえんだんゆうじ》といい、二三歳だった。当時、彼は大手光学機器メーカーのニコン熊谷製作所で、半導体製造装置の完成品検査作業の仕事をしていた。ただし、ニコンの正社員ではなく、業務請負会社ネクスター（現アテスト）に雇用されてニコン熊谷製作所に送り込まれていた。遺体を発見したのは、ネクスター熊谷営業所長とその上司であった。

三月一〇日の午後、勇士の母、上段のり子（六〇歳）は岩手県一関市にある自宅で、「お母さんですか。落ち着いて聞いてください。上段勇士さんは亡くなっています。死因は首を吊っていて、自殺です」という熊谷警察署の警察官からの電話を受けた。どうして？　としか考えられぬまま、のり子は新幹線に飛び乗った。落ち着いて、落ち着いて、と必死に自分に言い聞かせながら。夜、勇士が住んでいたアパートの部屋で、のり子は変わり果てた我が子の姿と対面した。

「遺体は腐敗していました。肉という肉がこそげ落ちて痩せ細り、目と口をかすかに開けたままで、まるで疲れて寝ている感じでした。首には電気コードの跡が黒い痣《あざ》になって残っていました。苦しくて苦しくて手を握りしめたのでしょう、指の爪が手のひらに突き刺さるように食い込んでいました。目と口を閉じてあげようとさすりましたが、体は冷たく硬くなっていて、目も口も閉じることはありませんでした。勇士の顔に私の顔を近づけると、声が聞こえてくるようでした。何を言いたいの、何をわかってあげればいい、何をしてあげればいい、と思うばかりで、あまりにも苦しく、心臓がきりきり痛みました」

遺書はなく、きれいにかたづいた部屋のホワイトボードに、「無駄な時間を過ごした」とだけ書かれていた。

勇士は一九七五年一一月一九日に東京で生まれた。二歳上の兄と二歳下の弟との三人兄弟であった。

父親は放浪癖とギャンブル癖のため不在であることが多く、小学校教師をしていたのり子が女手ひとつで子どもたちを育てた。兄弟は幼い頃から家事を手伝い、母子四人で肩を寄せ合って暮らした。両親は勇士が中学生のときに離婚した。

勇士は中学校で陸上競技に励み、生徒会長も務めるなど、真面目な努力家と目された。理科と数学が得意で、将来は技術者になりたいと、東京都立航空工業高等専門学校電子工学科に進んだ。そして、東京都立大学工学部電気工学科三年生に編入学した。

しかし、都立大学での講義内容や学習環境に物足りなさを覚えた勇士は、アメリカの理工系大学に留学する望みを抱いて、四年生の秋に退学し、留学資金を貯めるために働くことにした。一九九七年一〇月、就職情報誌でネクスターのことを知り、入社した。ニコン熊谷製作所で働きだしたのは、同年一〇月二七日からである。初めて親元を離れて、熊谷市内のネクスターの寮に同僚と二人で住んだ。

それから勇士は亡くなる直前の一九九九年二月二五日まで、主に昼夜交替勤務に従事した。それは、午前八時三〇分から午後七時三〇分までの昼勤と、午後八時三〇分から翌日午前七時三〇分までの夜勤を組み合わせたものだ。昼勤も夜勤も、それぞれ一時間と一五分の休憩、一〇分のリフレッシュタイムがある。

昼勤二日・休日一日・夜勤三日・休日三日・昼勤四日・休日一日・夜勤三日・休日四日というローテーションで働き、ちょうど三週間で一サイクルになる。そのため睡眠と食事が不規則にならざるをえず、勇士はのり子に電話や帰省したときの会話で、「よく眠れない」「胃が痛い」「疲れがとれない」など、体調不良をしきりに訴えていた。

慢性的な疲労とストレス

勇士が働いていた所はクリーンルームといい、半導体製造装置のために温度・湿度を一定に保ち、空気中の塵埃を最小限にした、閉鎖空間だった。照明は、感光剤が感光しないように黄色一色にされていた。通気性の悪い防塵服を全身にまとい、基本的に立ちっぱなしで検査作業をした。勇士のかつての同僚は、クリーンルームでの作業のつらさをこう述べている。

「空気はとても乾いています。一番きついことですか。これも驚かれると思いますが、実は、一定の光、一定の温度なんです。昼と夜がわからなくなるとかそんな生やさしいものではありません。自律神経がおかしくなって何もかも意欲がなくなるんです」(『偽装請負』朝日新聞特別報道チーム著、朝日新書、二〇〇七年、二二頁)

こうした環境で、勇士は約一年六カ月の間に計四三四時間三〇分の時間外労働と休日労働をもおこなった。最も多かった月は一九九八年七月で一〇三時間、その次は九九年一月で七七時間だった。仮眠もとれない大変な夜勤時においても、計一五回、一時間または一時間三〇分の時間外労働(残業)をしている。特に自殺する約三カ月前の九八年一二月には、三日間連続で夜勤時の時間外労働をした。

「夜通し働いて疲れ切っている状態での残業は、さぞかしつらかったでしょう」(のり子)

勇士は台湾に二度(四日間と一五日間)、宮城県に一度(一五日間)の出張もし、顧客先での納入検査にあたった。そこでも一九時間三〇分、四六時間、一一〇時間の時間外労働・休日出勤をした。宮城県の出張先からのり子に電話で、

「こっちの作業はほんとつらい。朝から夜中までだよ。夜二時過ぎだもの毎日ホテルもどるの。起きたらもうまたって感じでさ。ご飯食べられないよ。睡眠四時間ぐらいだ」と伝えてきたこともある。

慢性的な疲労とストレスが積み重なり、勇士は痩せ細って顔色も悪くなった。目も充血していた。「頭が痛い」「息苦しい」「食べ物の味のちがいがわからなくなった」「集中して考えられない」「記憶力が悪くなった」と、電話でのり子に訴えた。休日で実家に帰ったときも、無表情でぼんやりしていることが多くなった。

勇士が立場の不安定な非正規雇用労働者だったこともストレスの要因となった。一九九八年、国際的な半導体不況のなか、ニコンは請負労働者を契約終了というかたちで次々と解雇するリストラをおこなった。ネクスターからの労働者も、勇士を残して解雇されていった。当時ショックを受けていた勇士の様子を、のり子が次のように語る。

「『ニコンは見通しも立てずに派遣社員をたくさん採用し、勝手にクビを切っていく。派遣社員って使い捨ての便利な社員ってことなんだ。使い捨てにならないためには、期待された仕事をこなし続けるしかない。残業や出張を断ったら俺もクビだろう』と、とても動揺して不安を抱き、怒りの言葉も口にしていました」

勇士をはじめネクスターからの労働者の就労形態は、業務請負とは名ばかりで、実態は人材派遣だ

った。それをネクスターとニコンは否定している。しかし、職場ではニコンの社員が直接、業務指示をしており、ネクスターの社員が製作所内に常駐して業務指示をしていたわけではないことなどからして、事実上、人材派遣であり、いわゆる「偽装請負」にあたっていた。

一九九九年一月二四日から二月七日まで、勇士はほとんど朝八時過ぎから夜の九～一二時過ぎまで、一五日間も休日なしに連続勤務した。一日の労働時間は最長で一四時間、一日あたりの平均労働時間は約一一時間にもなった。

それは初めてのソフト検査実習だったが、ニコンの指導員が休みを取って出勤してこない日が三日、また指導員が勇士より先に退社した日が三日あった。初めての業務を長時間続ける勇士へのサポート態勢は不十分だったといえる。

この一五日間連続勤務は勇士の心身の不調をさらに悪化させたと思われる。勇士は九九年二月下旬に休日で実家に帰ったとき、ぽつんと「理科の簡単な問題も解けなくなってしまった」と言った。いまにも泣きだしそうな苦しげな表情を見せることもあった。ニコン熊谷製作所で働きだす前は六五キロあった体重は、五二キロにまで減っていた。痛々しい息子の様子にショックを受けたのり子に、勇士は「もう辞めてくるから」と言った。

勇士はネクスターの熊谷営業所に退職を申し出た。しかし、「契約上の定めもあり、今月末の退職は難しいと思う。ニコンとの打ち合わせも必要なので、退職の申し出には即答できない」と返答された。その旨をのり子に、電話で気落ちした声で伝えてきた。

九九年二月二六日から勇士は無断欠勤を続けた。ニコンは勇士に電話をしたが、つながらなかった。無断欠勤のことをネクスターがニコンから知らされたのは、三月三日であり、勇士の退職申し出を初めてニコンに伝えた際にだった。ネクスターは勇士に電話をし、留守番電話にメッセージを残したが、連絡はなかった。

のり子もこの頃、何度も勇士に電話して、留守番電話にメッセージを残したが、やはり連絡はなかった。出張に行っているのかと思ったが、心配になったので、三月一〇日にネクスターに電話したところ、ネクスターの社員が勇士のアパートを訪ね、遺体が発見されたのだった。

過労自殺と企業の責任

のり子は、勇士が「疲れた、疲れた」と言い続け、やつれ果てた末に自殺したことから、過労自殺にちがいないと考え、二〇〇〇年七月一八日、ニコンとネクスターに対し、安全配慮義務違反ないし不法行為に基づく損害賠償（総額約一億四四五五万円）を求めて、東京地裁に提訴した。原告側は、概《おおむ》ね次のように主張した。

勇士は過重な労働によって鬱《うつ》病にかかり、自殺するに至った。ネクスターは請負の実態がない「派遣会社」であり、勇士は派遣社員という弱い立場だったことからも、過重な労働を余儀なくされ、また健康管理の埒外《らちがい》に置かれることも多かった。ネクスターは従業員である勇士に対し使用者として、業務に伴う疲労が過度に蓄積して勇士の心身の健康を損なうことがないよう注意する義務を負っていた。同様の義務を、ニコンも派遣先の事業主として負っていた。にもかかわらず、ネクスターもニコンもその義務を怠った。それゆえ安全配慮義務違反ないし不法行為に基づく責任を負う。

一方、被告側のニコンとネクスターは、概ね次のように主張した。

両社は業務請負契約を結んでおり、勇士は派遣社員ではなかった。勇士の業務は社会通念上許容される範囲内のもので、過重な労働ではなかった。勇士は鬱病の診断を受けておらず、その言動にも鬱病の罹患をうかがわせるものがなく、勇士が鬱病にかかっていたとはいえない。自殺を予見する可能性もなかった。仮に鬱病にかかっていたとしても、業務との間に因果関係はない。健康維持などについて安全配慮義務は充分に尽くしていた。

判決は二〇〇五年三月三一日に出された。判決は勇士の業務の過重性について、以下の点で通常以上の身体的精神的負荷があったと認めた。

一九九八年七月（一〇三時間）と九九年一月（七七時間）の、過度の時間外労働・休日労働。過度の時間外労働・休日労働を伴った納入検査のための出張。初めてのソフト検査実習での時間外労働・休日労働を含む一五日間連続勤務。一般的な作業現場よりも精神的負荷を伴うクリーンルーム内での、仮眠がとれない状態の夜勤を含む昼夜交替勤務。しかもその夜勤時にも時間外労働をさせられたこと。請負社員・派遣社員が次々とリストラされたことによる解雇の不安。

そして判決は、勇士の業務には精神障害を発病させるおそれがある強い心理的負担があったとし、勇士が鬱病にかかっていたことを認め、自殺の原因の重要な部分は業務の過重性に基づく鬱病にあると判断した。

さらに、勇士のような外部からの就労者は、人材派遣や業務請負などの契約形態の区別なく、同じようにニコンの労務管理のもとで業務に就いていたので、ニコンは勇士に対し、業務の遂行に伴う疲労や心理的負担などが過度に蓄積して心身の健康を損なうことがないよう注意する義務を負っていたと判断した。同様の義務は、勇士を雇っていたネクスターも負っていたとした。

そのうえで判決は、ニコンもネクスターも勇士にカウンセリングをおこない、休養を取らせる、業務を軽減するなどの措置を講ずることは可能だったにもかかわらず、それをしなかったので、安全配慮義務を怠ったといえると結論づけた。

勇士の言動などに鬱病の罹患をうかがわせるものはなく、健康状態の悪化を認識して自殺を予見することは不可能だった、というニコンとネクスターの主張に対して判決は、勇士の痩せ具合や顔色の悪さから健康状態の悪化は容易に認識し得たはずであり、健康状態の悪化がもたらす結果としての自殺を予見する可能性はあったと判断した。

こうして、ニコンとネクスターに対し、安全配慮義務違反ないし不法行為に基づく損害賠償（総額約二四八九万円）の支払いを命じたのである。

この判決は、実質的な派遣労働者の過労自殺と企業の責任を初めて認定し、マスメディアでも注目された。ニコンとネクスターは判決の内容を不服として控訴した。しかし、二〇〇九年七月二八日、東京高裁で違法派遣の事実と企業の責任を認め、損害賠償（総額約七〇五九万円）の支払いを命じる判決が出された。その後、両社は上告した。

「勇士が死んでから、始めのうちは泣き崩れていました。でも、あの子の死に顔を思い出すと、こんなことになるつもりで働いたんじゃなかったよね、と心のなかで語りかけていました。それまで健康で、将来の希望に燃えて働きだした息子が、なぜ自ら命を絶たなければならないほど追い詰められてしまったのだろう。その理由を私は明らかにしたいと思って、裁判を起こしたんです。そして、いかに酷い環境で働かされ、使い捨てにされたのかがわかりました。つらかったら逃げればよかったのに、というのは元気な人の発想です。本人は歯を食いしばって頑張ってしまう性格でした。もうその頑張りがきかないくらい疲弊してしまって、死へ逃れようと心が傾いたのだと思います」

のり子は、勇士が過労自殺するまで、派遣・請負労働の仕組みと実態について何も知らなかったという。

「ネクスターは勇士たち派遣社員を右から左に送り出すだけで、安全管理もできない会社でした。でも、毎月の給料から三割も天引きしていました。寮といっても派遣社員が家賃を払っていたんです。人材は出し入れする物と同じような扱いです。ニコンも勇士のように頑張る子をすり減るまで使うやり方をしていました。国際競争に勝つためには若者を安く使い捨てればいい、という大企業の発想は許せません。雇用の流動化が必要だと唱えて、労働法制の規制緩和を進めた経営者や学者も、一度自分が不安定な非正規雇用の立場になって過酷な労働をしてみたらどうでしょうか。でも、そういう人たちは安定した身分を決して手放そうとはしません」

一つひとつ言葉を積み上げるように、のり子は語った。

「死は、取り返しがつかないものです。もう誰も勇士のような目にあって欲しくありません。派遣・請負という制度を根本から見直すことにつながるなら、勇士の死も無駄ではなかったと思います」

大きな構造のなかの犠牲

勇士は業務請負として就労したことになっていたが、実質的には派遣労働者だった。ニコンの労務管理・業務指示すなわち指揮監督のもとで働いていたからである。本来、業務請負とは、業務請負会社が他の企業から特定の業務を受注して完成させ、報酬を得るもので、職業安定法施行規則に規定された以下の四要件を満たさなければならない。

①作業の完成について事業主として財政上・法律上の全ての責任を負う。②作業に従事する労働者を自ら指揮監督する。③労働者に対し、使用者として法律に規定された全ての義務を負う。④自ら提供する機械・設備・材料などを使用し、企画もしくは専門的な技術もしくは専門的な経験を必要とする作業をおこなうものであって、単に肉体的な労働力を提供するものではない。

しかし、実態としては、製造業では業務を発注した企業の機械・設備・材料などを使って作業するケース（企業からの貸与のかたちをとって）が多い。指揮監督も自らおこなうのではなく、製造企業側の指揮監督を受けているケースが多い。近年、社会問題化した違法な「偽装請負」である。

つまり、前述の四要件を満たさないものは、職業安定法で禁じられた労働者供給事業にあたり、違法なのである。なぜ労働者供給事業が禁止されたかといえば、かつて戦前の日本社会では、「人入れ稼業」や「人夫請負業」などと呼ばれた労働者供給事業のもと、多くの労働者が賃金のピンはねや強制的労働といった人権侵害を受けたからである。戦後はアメリカによる占領下、GHQの日本民主化政策の一環として、一九四七年制定の職業安定法で労働者供給事業は禁止された。

しかし、これまで日本政府が労働者供給事業の禁止を徹底させるために、厳しい監督や指導や取締りなどをしてきたとはいえない。前述した職業安定法施行規則に規定された四要件も、一九五二年の改定以前は、④の「企画もしくは専門的な技術もしくは専門的な経験」の部分は、「専門的な企画、技術」とされていた。それを、「企画」から「専門的な」をはずしたうえで、「専門的な経験」を付け加えることで規制を緩和し、四要件をゆるやかに解釈する道を開いたのである。

この規制緩和の背景には、人件費が安く、いつでも解雇可能な労働力を欲する企業側の思惑があった。その結果、自前の機械・設備・材料などを持たず、「専門的な技術」も備えているとはいえない請負業者が、「専門的な経験」を提供するという名目で業務を請け負えるようになった。自ら募集した労働者を発注企業の工場など構内に送り込み、請負業者の現場監督の指揮で、企業の機械・設備・材料などを使って（貸与されたというかたちをとって）作業するやり方である。企画も専門的でなくてもよくなった。こうした就労形態で働く労働者は、企業に直接雇用された正社員の「本工」とはちがって、非正規雇用の「社外工」と呼ばれた。

その後、請負業者の現場監督の指揮ではなく、発注企業の指揮監督のもとで請負労働者が働く「偽装請負」が蔓延していったのは周知のとおりである。本来は違法の労働者供給事業が黙認されてきたのである。

一九八五年には労働者派遣法が制定されるが、それはこのような業務請負の規制緩和と労働者供給事業の黙認の延長線上にある。考えてみれば、人材派遣という就労形態も本質的には労働者供給事業と通底している。業務請負や人材派遣の本質は、労働者をいわば「商品」として送り込み、中間でマージンを取って利益を得るものだ。そして、安価で使い勝手のいい「商品」「人的資源」としての労働力を欲する企業と市場のシステムが、その背後にある。勇士はこのような構造のなかで犠牲にされたのだった。

五　CO中毒に苦しむ炭鉱労働者と炭塵爆発

三池の廃坑と囚人労働

「国家総動員」「経済復興」「高度成長」「国際競争」といった国策を背景にして、戦争遂行や利潤・効率追求のために、人を労働力として使い捨てにする大きな構造が存在してきた。

その構造は、軍部と官僚機構の国家総力戦研究とともに「人的資源」という言葉が生み出されるよりも前に、明治時代の「富国強兵」政策のもと日本資本主義の発達に伴いできあがっていったものだ。そして、「富国強兵」から「国家総動員」を経て「経済復興」に至る国策のもと、日本資本主義発達の歪みが端的に現れ、多くの人間が労働力、「人的資源」として使い捨てにされ、死と傷を負わされてきたのが炭鉱という場であった。

有明海に面した、福岡県大牟田市。市街地の上に、三井東圧化学など重化学工場の煙突の煙がたなびいている。丘の上、曲がりくねった路地を抜けると、鉄製の櫓《やぐら》が現れた。高さは二十数メートルか。廃坑だというのに、冬の青空を背にした鉄塔はなぜか古びても見えず、櫓の上の大きな鉄輪がいまにも回りだしそうだ。それは、地底に通じる竪坑《たてこう》を上下するケージ（エレベーター）のワイヤーロープを巻いていたものだ。櫓の下に坑口《こうぐち》がある。その入口は塞がれ、柵と赤煉瓦の塀で囲まれているが、塀に開いた鉄筋コンクリート格子の窓のすき間からは、地底に続く闇が見えた。

ここは、かつて大牟田市から熊本県荒尾市にかけての一大産炭地であった三池炭鉱の宮原《みやのはら》坑跡である。宮原坑（操業中の事業所は地名などに「鉱」を、廃坑には「坑」を付けた）は一八九七（明治三〇）年に開坑し、一九三〇（昭和五）年の囚人労働廃止の年まで、多くの囚人たちが働かされていた。閉坑はその翌年である。地底の坑内温度は摂氏三〇度以上、湿度は一〇〇パーセント近く、苛酷な労働環境だったという。

三池炭鉱は日本最古の炭鉱といわれ、石炭が発見されたのは一四六九（文明元）年、室町時代半ばのことである。江戸時代の一七二一（享保六）年に柳川藩の家老、小野家が平野山を、一七九〇（寛政二）年には三池藩が稲荷山をそれぞれ開坑して、石炭の採掘を始めた。しかし、本格的な炭鉱となるのは明治維新後である。

一八七三（明治六）年、明治政府は三池炭鉱を官営とし、工部省の管轄とした。「お雇い外国人」としてイギリス人技師を招き、炭鉱開発の新工事に当たらせた。富国強兵を目指して近代的産業を育成する殖産興業政策のもと、イギリスで発達した石炭産業の技術を導入したのである。

当時、地底での労働には、人買い同然の手配師に集められた労働者や近隣の農閑期出稼ぎ農民が従事したが、危険で苛酷な労働環境なので、人員は不足した。しかし、それでは石炭の増産計画に支障をきたすため、一八七三年から囚人の強制労働が開始された。明治政府は九州、四国、中国地方から囚人を集めて八三年に三池集治監《しゅうじかん》をつくり、囚人労働を大大的に進めた。

三池産の石炭は良質で火力が強く、商船や軍艦の燃料として、外貨獲得のための有力な輸出商品となった。三菱と並んで明治政府と密接な関係を持った政商、三井の貿易部門である三井物産が、三池炭の販売を一手に委託された。主な輸出先は、イギリスなど西洋列強のアジアにおける商業拠点、上海や香港やシンガポールであった。

三井は一八八八（明治二一）年に、三池炭鉱の払い下げを受け、三池炭礦社（後の三井鉱山株式会社）を設立した。払い下げ代金は四五五万五〇〇〇円だった。鉱区や施設だけでなく、囚人の使用権までも政府に願い出て、許可された。三池炭鉱は莫大な利益をもたらし、三井財閥の礎《いしずえ》となった。

かつて囚人たちは三池集治監（その跡地にはいま三池工業高校がある）から、柿色の獄衣を着て編傘をかぶり、鉄鎖で数珠つなぎにされ、宮原坑に通っていた。三池炭鉱で働かされた囚人は六万人を超え、そのうち二四二七人が坑内の災害や病気で死亡したといわれる。かれらの遺体は集治監と炭鉱の周辺に埋められた。

炭鉱災害による膨大な死傷者

囚人労働は一九三〇年に廃止された。坑内での採炭作業に機械や火薬が導入され、一般の坑夫を農村地帯などから募集したほうが労務管理もしやすくなったためだといわれる。また、囚人の逃亡防止対策にかかる経費や、数回起きた坑内暴動による業務の停滞も問題になっていたからだ。

しかし、囚人であれ、一般の坑夫であれ、地底での労働が危険で苛酷なことに変わりはない。落盤、出水、ガス爆発、炭塵爆発、坑内火災、炭車の脱線などの事故による災害は後を絶たなかった。企業側が炭鉱労働者を使い捨ての「消耗品」と見なしてゆく下地は、囚人の強制労働時代から形づくられていったと思われる。

三池炭鉱だけでなく、長崎県の高島や端島、筑豊（福岡県東北部）の田川や飯塚、北海道の夕張や幌内、福島県の常磐、山口県の宇部など、全国各地の炭鉱で大小の炭鉱災害が相次いできた。

自らも炭鉱労働を経験し、筑豊に住んで『追われゆく坑夫たち』などのルポルタージュを書いた記録文学作家、上野英信（一九二三～八七年）の『燃やしつくす日日』（径書房、一九八五年）によると、一八九五（明治二八）年から一九八五（昭和六〇）年までの九〇年間に、日本で死者三〇人以上を出した炭鉱災害は、わかっているだけでも七九回あり、死者の総数は八三九八人にも上る。そのうち頻度が高く、犠牲者の数も多いのが、ガスと炭塵の爆発である。坑内の出水による水没、坑内火災がそれに次ぐ。

しかし、これらの大災害は氷山の一角である。落盤と炭車事故は炭塵爆発やガス爆発のように多数の人命を一挙に奪うことは稀だが、頻度は圧倒的に高い。死者三〇人以下の炭鉱災害も合わせると、いったいどれほど多くの人たちが命を失ったのだろうか。また、一命はとりとめたものの負傷した人の数はどれほどに上るのだろうか。

戦後の三池炭鉱だけでも、『炭じん爆発』（原田正純著、日本評論社、一九九四年）所収の「三池炭鉱死傷統計」によると、一九四五年から六三年にかけて、様々な炭鉱災害の被災者総数は六万一三七四人で、そのうち死亡が九〇二人、重傷が二万六一二二人、軽傷が三万四三五〇人である。さらに、同書巻末の「三井三池炭じん爆発関係年表」によると、一九六四年から九三年八月までの間に、一四四人が様々な炭鉱災害で死亡している。

石炭は、かつて明治政府の殖産興業政策のもと有力な輸出商品でもあった。全国に張りめぐらされた鉄道や内外航路の汽船の燃料になったように、また官営八幡製鉄所に筑豊産出の石炭が供給されたように、産業近代化のエネルギー源ともなった。さらに、アジア侵略に至る富国強兵政策と国家総力戦にも活用された。三井や三菱などの財閥と、筑豊の麻生・貝島・安川など地元実業家は、石炭によって莫大な利益をあげ、資本を蓄積した。

戦後も、石炭と鉄鋼の分野に資材と資金を優先的に配分する「傾斜生産方式」による石炭増産政策のもと、経済復興のエネルギー源となった。しかし、一九五〇年代には石油へのエネルギー源転換が始まり、石炭産業は斜陽化した。炭鉱の閉山が相次ぎ、三池炭鉱も九七年三月三〇日に閉山した。

しかし、石炭が日本の資本主義発達を支えた大きな柱だったことに変わりはない。そして、その陰で膨大な数の炭鉱労働者が炭鉱災害で死傷し、職業病の塵肺（坑内の粉塵が肺に入って蓄積し心肺機能を悪化させる）や爆発事故によるCO（一酸化炭素）中毒でも苦しんできた。

炭塵爆発とCO中毒

三池炭鉱でCO中毒になった元炭鉱労働者とその妻に会った。一九五四年から三池炭鉱で働いていたかれは、六三年一一月九日に三池炭鉱三川鉱で起きた大規模な炭塵爆発で被災した。爆発直後に発生し、坑内に充満したCOガスを吸った。当時、二七歳。父親の代からの炭鉱労働者で、岩盤を掘って採炭作業現場を作る掘進夫《くっしんふ》の仕事をしていた。

爆発事故による死者は四五八人だった。そのうち爆発に直撃されて死んだのは二〇人で、残り四三八人はCOガスによる中毒死である。COガスは呼吸困難、意識喪失、けいれん、筋萎縮、嘔吐、頭痛、血圧の低下などを引き起し、重症の場合は死にいたる。CO中毒死亡者のうち四三〇人は地底の坑道で苦しみながら息絶え、八人だけが救出後に病院で亡くなった。入坑者の三割以上が死亡したのだった。

生存者は九四一人だった。救出され、九死に一生を得たその人たちも、深刻な後遺症に襲われた。一酸化炭素は血液中のヘモグロビンと結合して、血液の酸素運搬能力を失わせ、脳や心臓を無酸素状態にする。ヘモグロビンと結合しなかった一酸化炭素も心筋や肝臓や脳などに侵入する。中枢神経系と末梢神経系と自律神経系が冒され、CO中毒患者は持続的な激しい頭痛、目眩、耳鳴り、いらいら感、健忘症、記憶障害、思考障害などにさいなまれる。以前のような生活も仕事もできず、感情の爆発、無気力、物忘れ、幼稚化などに自身も家族も悩まされる。CO中毒で労災認定された患者は八三九人に達した。

私が会った元炭鉱労働者はCO中毒が原因で慢性の意識障害におちいり、妻の呼びかけにも反応せず、言葉も発せず、いつもうとうとするばかりの寝たきり状態、いわゆる「植物状態」になっていた。それまでも、執拗な頭痛とけいれんの発作に見舞われ、物忘れもひどく、感情をコントロールできずに家庭で暴れまわったりした。きちょうめんでやさしかった夫が別人のようになって荒れる姿に、妻はショックを受けた。

「本人のせいでこうなったんじゃない。事故にさえあわなければ……」と思いながらも、耐えがたくなると夜中でも家を飛び出して泣いた。一時は無理心中しようかとまで思いつめたこともあったという。

「主人は毎日、頭が痛い、頭が痛い、と言ってました。結婚して一年あまりで、長男がまだ八カ月のときに、二七歳という若さで事故にあい、あんな体になって、本人が一番つらかったでしょうね……、くやしかったでしょうね。事故以前は本が好きで、映画もよく見ていたのに。いまは一言もものを言えなくなってしまいました。会社には、ほんなこて主人を元の体にもどしてほしかです……」

事故後、三井鉱山側はCO中毒患者に対して、操業再開に向けた職場復帰を優先させ、十分な治療・療養態勢を整えなかった。患者・家族と三池労組は、解雇制限、事故前と同じ収入の補償、完全治療の実施を三本柱とする、CO特別立法を強く求めた。一九六七年、「CO特別措置法」は成立したが、内容は政府と自民党と財界の意向にそって骨抜きにされ、使用者側による二年間の健康診断の義務づけ、CO中毒患者への差別的取扱いの禁止といった程度でしかなく、三本柱の要求は明文化されなかった。

以後、紆余曲折があり、一九七一年に労働省（現厚労省）が「CO患者障害等級」を決定し、障害等級に応じて労災法の枠内で処理されることになったが、その労災補償の給付額も十分とはいえなかった。

ついに、一九七二年にCO中毒患者二家族四人（翌年に別の二家族四人が合流）が、七三年には遺族一六三人とCO中毒患者二五九人が、三井鉱山を相手取りそれぞれ損害賠償請求訴訟を福岡地裁に起こした。後者の訴訟は福岡地裁の勧告で一九八七年に和解が成立し、各遺族に三三〇万円、CO中毒患者には障害等級に応じて三五万円から三三〇万円という低額の和解解決金が三井鉱山から支払われることで決着した。しかし、和解を拒否した三二人のグループがあり、裁判を続けた。

一九九三年、四家族八人の訴訟と和解拒否グループの訴訟に判決が言い渡された。三井鉱山の過失責任を認め、八〇万円から五〇〇〇万円の賠償の支払いが命じられた。だが、賠償額は低かったうえに、夫のCO中毒後遺症による感情の爆発などで苦痛を受けた妻たちへの慰謝料は認められなかった。

事故の原因と背景

この戦後最大の炭塵爆発は次のようにして起こった。三川鉱第一斜坑で、一〇輛連結の炭車の二輛目と三輛目の連結リンクが破断し、三輛目以下の車輛が坑底へと逸走、脱線した。坑道には、事故前から大量の炭塵が除去されぬまま堆積していた。しかも、散水や岩粉の散布といった爆発防止策もとられていなかった。そのため、逸走した車輛が多量の炭塵を舞い上がらせて、危険な炭塵雲が発生し、炭車とレールの摩擦火花か電気ケーブルの破損か電球の破損かによって生じた火源から着火して、爆発が起きたのである。そして、COガスが発生して充満した。

三井鉱山が鉱山保安法によって定められた坑内保安を怠った背景には、増産を最優先する利潤追求と労働者の指名解雇を中心にした合理化路線、さらに政府のエネルギー政策があった。それは、『三井地獄からはい上がれ』(増子義久著、現代史出版会、一九七五年)によると、次のように整理される。「総資本と総労働の対決」といわれた一九六〇年の「三池闘争」が、組合分裂というかたちで労働側の敗北に終わり、大量解雇など企業に有利な合理化を許す結果になった。すでに五九年には、エネルギー政策の根本的な変更を迫る「石炭鉱業合理化基本計画」が策定され、日本の炭鉱において六三年までに労働者一人当たりの出炭能率を月一四・九トンから二六・四トンに引き上げ、炭価を一二〇〇円切り下げることが目標とされていた。

一九六二年には、「石炭鉱業が生きのびるためには今後五年間に労働者七万六〇〇〇人を整理し、一人当たりの出炭能率を四〇トンにまで引き上げることが必要だ」という「第一次石炭鉱業調査団」の答申も出された。

こうした合理化計画の推進によって三池炭鉱では、一九五八年に一万三七八五人いた在籍鉱員数が、五年後には一万〇二四六人に減る一方で、出炭の増強に直接つながる採炭工の割合は一四・一パーセントから二〇・四パーセントに増えた。それによって一人当たりの出炭能率は月一四トンから三九・九トンへと上昇した。

炭塵爆発のあった三川鉱だけでも、一九五八年一二月の在籍鉱員数が五二三〇人（うち採炭工五九〇人）だったのが、災害直前の六三年九月には三九九四人（同一二九八人）になるとともに、この間の日産出炭量は四〇〇〇トンから八〇〇〇トンへと上昇した。鉱員の絶対数を減らしながらも採炭工を増やすという「出炭第一主義」は、事故防止を目的とする坑内保安の無視につながった。

安全よりも利益優先の構造

出炭が増えるにつれて、石炭を運ぶ坑内のベルトコンベヤーの下や坑道の天井や枠上などに炭塵は堆積する。しかし、保安要員が削減されているので、炭塵の清掃や散水や岩粉散布には手が回らない。三川鉱では、本来一二人置くべき炭塵清掃係が、事故の起きる三カ月前の八月からは二、三人に減らされていた。

さらに、『炭じん爆発』によると、事故発生後、通気の確保などCOガスへの緊急対策はなされず、救助活動が始まったのも爆発後二時間以上たってからと遅かった。会社側のCO中毒に対する認識も甘く、救助後の初期治療（安静と保温の確保など）の不完全さが、後に深刻な後遺症を生み出すことにもつながった。

ところが、三井鉱山は救出作業が一段落ついた事故の翌々日、整理作業という名目で一部の鉱員を入坑させて、爆発のあった坑道の炭塵を清掃させ、要所は水で洗い流させた。爆発の原因である堆積炭塵の証拠隠しを図ったのだ。しかし、すべての炭塵を除去できたわけではなかった。

事故から四日後の一一月一三日、福岡県警から鑑定人の委嘱を受けて入坑し調査を始めた炭塵爆発の専門家、荒木忍・九州工大教授らによる、堆積炭塵と爆発で燃えた後に残る「変質炭塵」の採集調査で、事故の原因は堆積炭塵にあることがわかった。その鑑定に基づいて、福岡県警は六五年、三井鉱山三池鉱業所の幹部一一人を業務上過失致死傷容疑で福岡地検に書類送検した。

また、通産省による三池炭鉱災害技術調査団の調査でも、堆積炭塵が事故の原因だったとする調査報告が出された。

しかし、同調査団の団長だった山田穣・元九州大学長らが、後日、三井鉱山の依頼で別途に再調査して、堆積炭塵と言われていたのは風化した砂岩の岩粉であるとの説を福岡地検に上申した。そのうえで、三井鉱山の弁護団も、「爆発したのはベルトコンベヤー上の石炭の粉であり、事故は予知できなかった」という説を上申した。

結局、「山田上申書」が出されたのち、『閉山』（奈賀悟著、岩波書店、一九九七年）によると、福岡地検では事故捜査専従の検事がすべて転勤するなど不可解な人事異動が相次ぎ、捜査は事実上、振り出しにもどった。そして六六年、検察庁は証拠不十分として、三井鉱山三池鉱業所の幹部一一人を不起訴にした。その背後には、何らかの政治的圧力があったのではないかとも考えられる。

しかし一九九三年に、四家族八人と和解拒否グループ三二人による二つの民事訴訟に下された判決は、「爆発の原因は坑内の堆積炭塵であり、ベルトコンベヤー上の石炭の粉が爆発した可能性はない」と明確に指摘し、三井鉱山に過失責任があると認めた。つまり事故の原因は、爆発防止のための炭塵清掃・散水・岩粉散布を怠った会社側の安全性無視にあったのである。

「三井が大牟田市で炭鉱経営に乗り出してから昭和三八年の災害までの約八〇年のあいだに、COガスを発生させる災害だけに限定しても次のような記録が残っている。坑内火災一一回（死者九二人）、ガス燃焼およびガス爆発二〇回（同三七人）、ガス炭じん爆発三回（同一三人）、ガス突出四回（同一一人）。この数字は、『大牟田市史』『筑豊石炭礦業史年表』などからひろったものであるが、この記録だけでみても、三井はCO中毒について〝豊富な経験〟を持っていたことがわかる。『三川鉱炭じん爆発』は、このような度重なる災害史の延長上に起こった事故であった」（『三井地獄からはい上がれ』三一〜三二頁）

一九六三年の爆発事故から七三日後の六四年一月二一日、三川鉱は生産再開をするが、六七年九月二八日、坑内火災で死者七人、CO中毒患者二〇九人を出している。また、八四年一月一八日に起きた有明鉱の坑内火災は、死者八三人、CO中毒患者一六人を出す大事故となった。

三池炭鉱における事故の多発と犠牲者の多さを考えるとき、炭鉱での労働は単に危険度が高いからだとは結論づけられない。三川鉱での保安無視が炭塵爆発を招いたことからもわかるように、安全よりも利益を優先させる会社の姿勢が根本的な問題としてある。

だが、それは三井鉱山という一企業だけの問題ではない。その背景には、「殖産興業」「富国強兵」「国家総動員」「産業報国」「経済復興」「高度成長」「国際競争」といった国策のもと、強固な政・官・財（戦前・戦中は軍も）癒着の構造がつくられてきた現実が横たわっている。その構造は無数の人間を「労働力」として、「人的資源」として呑み込んできた。そして、多くの労災事故・職業病・公害・過労死・過労自殺などの犠牲者を生み出してきた。

CO中毒の深刻な後遺症や塵肺の重い症状を抱えた元炭鉱労働者たちは、高齢化し、苦しみながら年々亡くなってゆきつつある。

第三章　「人的資源」にされていい人間はひとりもいない

一　自衛官の自殺と「さわぎり裁判」

真実を知りたい

序章で述べたように、海上自衛隊護衛艦「さわぎり」で自殺した三等海曹、鈴木秋雄（仮名）の母、佳子（仮名）は、私に「人的資源」について問題意識を持たせてくれた。「人間を資源というのはおかしい。自衛官を使い捨てにするような発想が表れている」という彼女の言葉に触発され、私は「人的資源」の歴史を調べた。その結果を佳子にも詳しく知らせてきた。

「この国の本質は何も変わっていないのだとわかりました。国の政策の根本に、人間を『資源』として見る為政者の視点がずっと変わらずにあるんですね。その『人的資源』の発想がブラックホールのような暗い渦をいろんなところに生み出しているのだと思います。秋雄はその渦に巻き込まれてしまい、命を自ら絶つところにまで追いやられたのです」

と佳子が語る「ブラックホールのような暗い渦」とは、「人間が資源扱いされて、命と人権が軽んじられる密度の濃いところ」だという。

「自衛隊が、隊員を自殺に追いやるようないじめのある組織だとは、それまで思ってもいませんでした。ただ、息子が自分で希望したとはいえ、高校を卒業して初めて親元を離れて入隊するわけですから、訓練などでしごきがあるのではないかと心配はしました」

「また、入隊した当時、アメリカ軍隊内のいじめについて新聞に記事が載ったので、不安を抑えられませんでした。退職した親戚の元自衛官に相談してみると、昔の日本軍とはちがうから、そんなに心配しなくてもいいと言われました。秋雄にも、『お母さん、海上自衛隊はイギリス海軍の流れを引いているから紳士的なんだって、だいじょうぶ、心配ないよ』と言われて、私は息子のせっかくの門出なのだから、気になるようなことを自分から探すのはもうやめようと思ったんです」

「でも……」と、佳子は言葉に詰まって、それから苦しげな口調で、自らを責める胸の内を明かした。

「いま考えてみると、以前から自衛隊ではいじめの問題があって、自殺者も出ていたことを、親が知らなかったのが、気づかなかったのがいけなかったと、そう思えてならないんです。『人的資源』という言葉も知りませんでした。親として、この国の、人間を資源扱いし続ける大きな歴史の流れを知らなかった。『人的資源』という考え方が、社会のなかにブラックホールのような暗い渦をつくりだしていることに無知だった。だから、子どもをあのような目に遭わせることになってしまったんじゃないか……。秋雄はどんなにつらかっただろう、と思うとですね……」

そのように考えだすと、気持ちは底無し沼に沈んでいくようになるという。

しかし、我が子がなぜ自ら命を絶つほどにまで追い詰められたのか、ともかく真実を知りたい、真相を明らかにしなければいけないという思いがまた、湧きあがってくるのも確かだという。だから、裁判に訴えたのだ、と。

「自分に、そう言い聞かせるんです」

情報開示されない重要記録

佳子と夫の洋二は、息子が自殺したのは上官によるいじめで精神的に追い詰められて鬱病になったからだとして、国の責任を問う国家賠償請求訴訟を起こしていた。秋雄が護衛艦「さわぎり」の乗員だったことから、「さわぎり裁判」と呼ばれた。長崎地裁佐世保支部での判決（二〇〇五年六月）では、被告である国側の「いじめの事実はなく、本人が技能不足に悩んだ末に自殺したものだ」という主張が認められた。しかし、両親は福岡高裁に控訴していた。
「判決には納得がいきませんし、事実もまだ解明されてはいません。一審でも控訴審でも、自衛隊側は重要な情報を隠し続けているのです」（佳子）
提訴以来、原告と弁護団は、自衛隊側の主張する秋雄の「技能不足」を裏づける公式の記録、しかも本人が生きていたその時に記録された文書があるなら、法廷に提出するよう求め続けた。

なぜなら、秋雄が悩んだ末に自殺に至るほど「技能不足」だったという自衛隊側の主張は、秋雄の死後、海上自衛隊佐世保地方総監部の「一般事故調査委員会」が内部調査をして「調査報告書」をまとめた際の上官らの証言や、法廷における上官らの証言に依拠しているからだ。秋雄の死後になされた上官らの証言は、あくまでも事後の記録である。秋雄が生きていた時点での記録が、第一次資料として重要なのは言うまでもない。

その第一次資料としての公式文書に当たるのが、「班長手帳」と「勤務調査表」だ。「班長手帳」は艦内の各班の班長が、班員一人ひとりの、毎月の勤務状況の概評、勤務上の問題点及び指導事項、私生活上の問題点及び指導事項、家族構成、健康状況、交友状況、経済生活の状況、資格免許、賞罰などを記入してファイルするようになっている。その冒頭には、「班長手帳記注取扱」という注意事項が印刷され、こう記されている。

「班長は、手帳記載事項が班員の勤務成績報告書の作成及び勤務調査表の記入等、人事取扱上の重要な資料となることを認識し、班員の身上に関する事項について判明した事項をすべて詳細に記入しなければならない」

「班長手帳」の記載事項は毎月、班長の上官である分隊長の検印を受けなければならないと定められている。それだけ「班長手帳」の内容には、正確さと公正さが求められるということである。

しかし、自衛隊側が長崎地裁佐世保支部に証拠として提出した、「班長手帳」の秋雄に関する部分（A４サイズ用紙五枚）は、ほぼ全面不開示になっていた。わずかに開示されたのは、一枚目の前半に記された氏名、本籍地、現住所、最終学歴、家族構成、特技、入隊後の経歴だけである。残りの大部分、勤務状況や勤務上の問題点及び指導事項などの欄は、黒枠の白紙が貼られて覆い隠されるか、黒塗りにされている。

さらに、「班長手帳」の記載に基づいて海上自衛隊の人事担当者が記入する「勤務調査表」も、証拠として提出された。しかし、重要な部分である指導上の要注意事項や人物概評など、大半が不開示となっていた。

「秋雄の勤務状況に何か問題点や指導事項があったのなら、まず自衛隊の公式文書である班長手帳や勤務調査表に書かれているはずです。技能不足なら技能不足、指導が必要なら必要だ、と。その大事な部分を開示しないで、息子の死後に、上官らの証言だけに基づいて技能不足だったと決めつけるのはおかしいのではないですか。自衛隊側に都合のいい情報だけを明らかにしているのではないでしょうか。不信感を抱かざるをえません」

「息子がなぜ自殺したのか、何か手がかりになることが記されているかもしれないのです。残された親として、子どもの足跡を少しでも知りたい。本当のことが知りたい。白く覆い隠された文書の不開示部分を見ると、息子の生きた足跡を消されているようで、家族の気持ちとしては苦しいです。人間の存在そのものまで消されているように感じるんです。こういう不開示の処理をする人は、きっとごく事務的にしているだけなのでしょうが」

と佳子が訴えるように、第三者の私が見ても、文書上の四角い白塗りの平面に人間の存在までもが吸い込まれて消されているようで、胸苦しさを覚えずにはいられない。

何が隠され、優先されているのか

原告は不開示部分の開示を求め続けた。しかし、自衛隊側（国側）は一貫して拒み、その理由を概《おおむ》ね次のように説明した。

「公務員の職務上の秘密に関する内部文書であり、公表されると、今後人事担当者による忌憚《きたん》のない評価・所見を得るのが困難となり、公務遂行に支障が生じるおそれがある。適正な人事管理に対する各隊員と人事担当者の信頼関係を損ない、部隊の指揮統率が困難になる。ひいては防衛組織としての機能に重大な影響を与え、国の安全が害されることとなる」

だが、原告側は、「記載に人事評価が含まれるとしても、事実に基づく業務上の評価であって、個人的な非難などが記載されるはずはなく、その提出によって忌憚のない評価・所見を得るのが困難になるという具体的関係は認められない。また、具体的な国の安全が害されるおそれはない」と主張し、控訴審において、「班長手帳」と「勤務調査表」と「調査報告書」の不開示部分に関する文書提出命令申立てをした。

その結果、審理終盤になって福岡高裁は、自衛隊側に提出させた各文書の不開示部分を、裁判官だけが閲覧して吟味する「インカメラ審理」をおこなった。そして二〇〇八年一月、一連の不開示部分のうち、一部の開示を命じる文書提出命令を出した。

新たに開示された「勤務調査表」の「指導上の要注意事項」欄には何も書かれていなかった。一方、「班長手帳」の「毎月の勤務状況の概評」と「勤務上の問題点及び指導事項」は不開示のままだった。「勤務調査表」には何も書かれていないため、評価する者とされる者の信頼関係は損なわれないというのが、裁判所の判断だった。「班長手帳」のほうには何らかの記載があったと見られ、裁判所は自衛隊側の不開示理由を認めている。

しかし、「班長手帳」に基づく「勤務調査表」の「指導上の要注意事項」欄に何も書かれていなかった点からして、「班長手帳」に「指導上の要注意」を必要とするような「勤務上の問題点及び指導事項」が特に書かれていたとは考えにくい。「班長手帳」のほうに何らかの記載があっても、それが開示されていない以上、その記載内容は証拠として認定されない。つまり、自衛隊側の主張する秋雄の「技能不足」を裏づけるような、秋雄に関する生前の公式記録は証拠としてないのである。

そもそも、自衛隊側は秋雄に関する情報、記録、資料のすべてを全面開示すべきなのではなかろうか。秋雄の死後に、上官らの証言に基づいて、「いじめはなかった。本人が技能不足に悩んだ末の自殺だ」とする自衛隊側の主張に対して、死者となった秋雄はいっさい反論できないのである。少なくとも、秋雄に関する生前の公式文書を全面開示し、上官らの証言と照合できるようにすべきだ。

「公表されると、公務遂行に支障が生じるおそれがある。部隊の指揮統率が困難になる」という自衛隊すなわち国側の説明からは、かけがえのない個人の生と死に関する真実を明らかにすることよりも、組織の統制と業務を優先的に考える姿勢が伝わってくる。

佐世保地方総監部がまとめた「調査報告書」も、証言した自衛官たちのプライバシー保護などを理由に不開示部分が多かった。「さわぎり」乗員の証言を中心にまとめられ、いじめがあったという遺族の話は反映されていない。自衛隊側の視点に立った内部調査の結果である。秋雄が技能不足だったとの結論も、いじめの当事者とされる班長などの評価に拠っている。

我が子の尊厳を取り戻すために

原告側は当初から、この内部調査に基づく、しかも不開示部分の多い「調査報告書」の内容に疑念を持っていた。福岡高裁の文書提出命令で、新たに一部開示されたが、さらに不審な点が出てきた。それは、秋雄が佐世保教育隊に入隊した直後の一九九七年四月九日に受けた、心理適性検査の結果についてである。

心理適性検査の結果はすでに、第一審で提出された「勤務調査表」のなかに開示されていた。「Y―G性格検査」では「情緒の安定した積極外向型の適応性の高い性格」、「内田クレペリン検査」では「やや業務処理能力が低く、精神的な偏りも強く、不適応が表出しやすい」、「CAS検査」では「不安に対する耐性が強く精神的にタフで安定している」と記載されている。

ところが、「調査報告書」の新たに一部開示された「入隊時の心理適性検査の結果」の部分で、「Y―G性格検査」の「情緒の安定した積極外向型の適応性の高い性格」の後に、「であるが、反面自己卑下が強く、とかく事なかれ主義の保守的態勢をとりがちであり、また必要以上に慎重で優柔不断になりやすい傾向もあると思われる」と、前後が矛盾するような記述が加わっている。「内田クレペリン検査」でも、「(一時的な放心状態又は緊張等による硬直状態になりやすい)」と付け加えられている。どちらも、原記録であるはずの「勤務調査表」にはなかった記述で、不自然としか言いようがない。

「調査報告書」の新たに開示された部分ではその後に、「以上のことから、性格及び心理上で直ちに自殺に結びつく要因は確認できない。ただし、入隊時に実施された心理適性検査の結果からは、自己卑下、精神的偏り及び不適応表出の傾向(一時的放心状態になりやすい性格)が指摘されている。このことが、直ちに自殺に結びつくものではないが、何らかの影響を及ぼしている可能性はある」と書かれていた。

原告弁護団は、「自殺の原因を本人の個人的気質に向けようとして、原資料になかった記述を意図的に付け加えた可能性がある」と指摘し、「このような疑念のある記録をもとに、亡き秋雄に精神的弱さがあり、それが自殺に何らかの影響を及ぼしている可能性があるなどとするのは誤りだ」と最終準備書面(補充書)で批判した。

一審判決は、上官らの「侮辱し、ばかにする不適切な言動」も「厳しい指導・教育」の範囲内だとして、いじめの存在を否定した。しかし、「厳しい指導・教育」というが、される側の当人が精神的苦痛を感じ、深刻ないじめだと受けとめていたのは、遺族の証言からもわかる。その点から考えると、それは職権と地位の差を背景にして相手の人格と尊厳を傷つけるパワーハラスメントに当たる。

「指導というのは、人を高めるためのもので、死に追いやることではないはずです」

そう語る佳子と夫の洋二。「人的資源」にされていい人間は、本来、ひとりもいない。その思いを胸に、我が子の尊厳を取り戻すための険しい道を歩んできた。

福岡高裁での控訴審は二〇〇八年六月二〇日に結審した。

二　自衛官いじめ自殺裁判での勝訴判決

積年の思いが通じた

「原判決を次のとおり変更する。被控訴人は、控訴人洋二（筆者注：仮名）に対し一五〇万円を、同佳子（仮名）に対し、二〇〇万円をそれぞれ支払え……」

法服姿の裁判官は口早に判決主文を言い渡すと、法廷から退室した。一瞬の出来事で、はじめはよくわからなかったが、裁判所の廊下にあふれた傍聴者たちの間から、「国の責任を認めた」「勝訴だ」という声が聞こえた。

二〇〇八年八月二五日（月）午後一時過ぎ、福岡高等裁判所で「さわぎり裁判」の控訴審判決が出された。牧弘二裁判長らによる判決は、審理を通じて明らかになった事実を踏まえ、明快な論理構成をとっていた。

まず、「一般に、人に疲労や心理的負荷（ストレス）等が過度に蓄積した場合には、心身の健康を損なう危険があると考えられるから、他人に心理的負荷を過度に蓄積させるような行為は、原則として違法である。国家公務員が職務上そのような行為をおこなった場合には、原則として国家賠償法上違法である」と説明している。

そのうえで、「直属の上司である班長」の「お前は覚えが悪いな。バカかお前は。三曹失格だ」などの言動は、「秋雄を侮辱し、誹謗する内容」であるとした。しかも、それは「秋雄の技能練度に対する評価にとどまらず、同人の人格自体を非難、否定」し、「階級に関する心理的負荷を与え、下級の者や後輩に対する劣等感を不必要に刺激する内容だった」と指摘した。

そして、「それが閉鎖的な艦内で継続的におこなわれた状況を考慮すれば、心理的負荷を過度に蓄積させて、指導の域を超える違法なものであった」と判断した。

「強度で、しかも持続的な心理的負荷を受けた秋雄は鬱病にかかり、自殺した」と事実認定し、班長による「侮辱し、誹謗する」言動と秋雄の鬱病・自殺との間には、「因果関係がある」と認めた。

さらに、使用者は労働者に対して、「業務の遂行に伴う疲労や心理的負荷等が過度に蓄積して労働者の心身の健康を損なうことがないよう注意する義務」、すなわち「安全配慮義務」を負うとし、それは国と国家公務員の場合にも当てはまると説明している。

従って、秋雄の直属上司である班長は、国に代わって「安全配慮義務」を果たすべきところを、逆に「心理的負荷を過度に蓄積させる行為」を繰り返したので、この義務に違反し、「国家賠償法上違法である」と判断したのだ。

今回の福岡高裁判決は、自衛官の自殺に関して国の管理責任・賠償責任を初めて認めた判決である。自衛官の自殺の原因が、上官のパワーハラスメントだと認めたのである。

判決直後、防衛省海上幕僚監部は「裁判所の理解が得られず残念だ。判決内容を慎重に検討し、適切に対処したい」とのコメントを発表した。

死者の眼差しと問いかけ

この日、法廷に張りつめた表情で臨んでいた原告の鈴木佳子は、判決の主文だけを述べた裁判長の言葉を、すぐにはのみこめなかったという。しかし、隣に座っていた原告弁護団の女性弁護士が、「勝ったよ、勝ったよ」と声をかけてくれ、佳子はあふれる涙をハンカチで押さえながら、その女性弁護士と抱き合った。判決後に支援者らおよそ一五〇人が集まった報告集会の後、佳子は声を詰まらせながら、こう語った。

「裁判所は市民の声を聞く耳を持っていたんですね。事実を綿密に検証してくれました。裁判所を信じてよかったです。弁護団と支援者の皆さんに支えられて、ここまで来れました……。自衛隊には、人の命という原点に立ち返って、何が問題なのかよく考えてほしいです。一人ひとりの亡くなった命を無視せずに。今日の判決で、親として、やっと子どもの気持ちにこたえられたかなと思います」

洋二も目に涙をにじませ、とつとつと言葉をつないだ。

「真実を求める声が通じたんだと思います。自衛隊のような国家公務員の職場でも、私自身定年まで働いていた民間企業の職場でも、自殺者が出るような場であってはいけないです。国は最高裁に上告などせずに、むしろ、自衛隊内で人権が守られ、誰もが働きやすい環境になるよう力をそそいでほしいですね」

宮崎市に住む二人は、判決の前日、秋雄の墓に参り、「行ってくるよ」と語りかけてきた。洋二は、「昨夜は一時間くらいしか眠られなかった」という。そして佳子は、

「私はなぜか眠れて、子どもが生きていたときそのままの顔で微笑んでいる夢を見て、穏やかな気持ちで目覚めました。法廷では、生きる勇気をもらえる判決を、と祈っていました」と話す。

我が子の突然の自死から九年、裁判に訴えてから七年、二人の時間は常に死者とともにあったといえる。それはまた、死者の眼差しに自らの眼差しを重ねることでもあったろう。九年前の一一月八日、太平洋上の波間に揺られる護衛艦の閉ざされた空間で、もうどこにも行きようがないとまで追い詰められた二一歳の心があり、この世から消え去った二一歳の眼がある。しかし、その永遠に失われた心の眼にも、なおこの世界はどのように映るのか。親として痛みとともに意識しない日はなかったにちがいない。

防衛省が発表した一九九九年度から二〇〇七年度までの、各年度の自衛官自殺者。六二人、七三人、五九人、七八人、七五人、九四人、九三人、九三人、八三人。この年度別、自衛官自殺者数について、佳子は以前、こう語ったことがある。

「年度別の自衛官の自殺者数の表を見ていると、数字になった、いえ数字に変えられた我が子を目の当たりにする思いで、苦しく、狂いそうです。子を失った親は狂ってしまうか、立ち上がるしかない。のたうちまわる自分と向き合って立ち上がるしかない。そう考え続ける毎日です……。同じようなことが繰り返されないためにも、真実を明らかにし、国の責任を問い続けたいと思います」

まさに秋雄は一九九九年度の六二人のなかの一人だった。同じ数字を目の前にしても、心に深手を負った当事者の目と、非当事者すなわち第三者の目とでは、見えてくるものがまったく異なる。前者は数字の向こうから届いてくる死者の眼差しを受けとめる。しかし、後者にはそれがなかなか感受できない。六二人なら一二四の瞳からの、それぞれの沈黙の問いかけがあるはずなのだが。

佳子が「真実を明らかにし、国の責任を問い続けたい」と思うのは、集計された数字に封じ込まれた死者たちの眼差しと問いかけを解き放ちたいからであろう。それは人間を戦力や労働力の単位として分類し、数値化してやまない「人的資源」の発想に対し、「人の命という原点に立ち返って、何が問題なのかをよく考えてほしい」と内省をうながす言葉にも通じる。

安全配慮義務と賠償責任

判決後の報告集会で、判決要旨を解説した原告弁護団の福留英資弁護士が、「秋雄さんの人生がわれわれにこのような判決を残してくれた」と述べて、声を詰まらせたとき、佳子はしばしハンカチで目頭を押さえていた。

福留は解説のなかで、今回の判決の要点として次の部分を挙げた。

「一般に、人に疲労や心理的負荷等が過度に蓄積した場合には、心身の健康を損なう危険があると考えられるから、他人に心理的負荷を過度に蓄積させるような行為は、原則として違法である」

「使用者は、その雇用する労働者に従事させる業務を定めてこれを管理するに際し、業務の遂行に伴う疲労や心理的負荷等が過度に蓄積して労働者の心身の健康を損なうことがないよう注意する義務を負う」

これは二〇〇〇（平成一二）年三月二四日の「電通社員過労自殺事件最高裁判決」で確立された法理である。大手広告代理店、電通の社員が上司のいじめと過重な長時間労働の結果、一九九一年に二四歳で自殺に追いやられた事件で、最高裁は企業など使用者側に、「労働者の心身の健康を損なうことがないよう注意する義務」（安全配慮義務）をはっきりと義務づけた。その大前提に立って、「業務の遂行に伴う疲労や心理的負荷等の過度の蓄積」が鬱病を発症させ、自殺に至らしめたとして、企業の安全配慮義務違反による賠償責任を認めた。

この最高裁判決は、労働者の自殺をめぐる訴訟で、使用者側の賠償責任を明確化した先駆的な判決だ。同判決の影響力は大きく、その後の過労自殺やパワーハラスメント自殺の裁判で、使用者側に責任を認めさせる根拠となっている。

「さわぎり裁判」での福岡高裁判決も、この最高裁判決の法理を拠り所に、「心理的負荷を過度に蓄積させる行為」の違法性と、使用者側の安全配慮義務違反の違法性を、国と国家公務員の場合にも当てはめたのである。国家公務員のパワーハラスメント自殺で国の責任を認めた初めての判決である。「自衛隊員だけでなく、他の公務員や民間企業の従業員など、すべての労働者の心身の健康と生命と人権を守るための重要な意義を持つ判決で、社会的な波及効果も大きい」と、福留は強調した。

現在、自衛官のいじめ自殺（パワーハラスメント自殺）をめぐる国家賠償請求訴訟の裁判は、横浜地裁と静岡地裁浜松支部でもおこなわれている。

横浜地裁には、海上自衛隊横須賀基地所属の護衛艦「たちかぜ」乗員で、二〇〇四年一〇月に二一歳で自殺した一等海士の両親が、〇六年四月に提訴した。自殺の原因は上官による暴行と恐喝で、国は安全配慮義務を怠ったとし、国とその上官を相手取り、損害賠償を求めている。

静岡地裁浜松支部のほうは二〇〇八年四月の提訴で、航空自衛隊浜松基地で機材整備の任務に就いていた三等空曹の両親と妻子が原告である。三等空曹が〇五年一一月に二九歳で自殺したのは、上官による暴言と暴行が原因で、国は安全配慮義務を怠ったとし、国とその上官を相手取り、損害賠償を求めている。

しかし国側（自衛隊側）は、「暴行や恐喝と自殺の間には因果関係がない」、「暴言や暴行は指導の延長であり、故意ではなかった」などと主張し、違法性も責任も認めようとしない。

「さわぎり裁判」原告の洋二と佳子は、横浜地裁と静岡地裁浜松支部での各裁判の原告の両親とも協力してきた。裁判の傍聴や支援集会への参加など、同じように自衛隊内のいじめで息子が自殺に追いやられた親どうし励まし合ってきた。

「自衛隊でのいじめがなくなるように、これからも目を光らせて、できるかぎりのことをしたいと思います。親として、亡くなった子どもに『あなたに代わってここまでやったよ』と言えるだけのことをしたいですね」と、佳子は語る。

パワーハラスメントは違法

福岡高裁での判決から二週間後の九月八日、防衛省は最高裁への上告断念を発表した。「法律上の上告受理に該当する事項が見当たらなかった」というのが断念の理由だった。つまり、「電通社員過労自殺事件最高裁判決」の法理を踏まえた、緻密な構成の福岡高裁判決を覆せそうにもないとあきらめたのである。

しかし、各種新聞報道によると、防衛省は、判決で自衛隊内の構造的ないじめや、直属班長以外の上官の言動の違法性は否定されたため、判決が確定しても横浜地裁や静岡地裁浜松支部での裁判に影響は少ないと判断したという。

だが、判決では自衛隊内での上官の言動に関し、次のように重要な指摘がされている。

「階級が上位である者から指導を受ける者を侮辱するような言動をする場合に対象者に強度の心理的負荷を与えること、心理的負荷が蓄積すると心身の健康を害するおそれのあることについては、部下に指揮命令を行なう立場の自衛隊員は当然認識し得べきである」

つまり、「部下を侮辱するような言動」と「心理的負荷」と「心身の健康を害するおそれ」、このつながりを上官は肝に銘じていなければならないということである。なぜなら、部下を侮辱し、心身の健康を害するおそれのある心理的負荷を与え蓄積させる言動は、指導の範囲を逸脱し、違法だからである。

従って、防衛省・自衛隊に求められているのは、「部下を侮辱するような言動」や「暴言・暴行」は、指導・教育の範囲内でも延長でもなく、違法なパワーハラスメントだとの認識である。パワーハラスメント厳禁の規則を設け、自衛隊員に周知徹底させることである。いじめ自殺の再発防止には、それが必要不可欠だ。また、内部での取り組みだけでは不十分なので、ドイツなどのように議会に属し強力な監察権を持つ軍事オンブズマン制度の導入も必要であろう。

しかし、現実として、パワーハラスメントが違法だという認識は、まだ社会全体に行き渡ってはいない。長年、過労死・過労自殺裁判で企業の責任を追及してきた弁護士の書いた『過労自殺と企業の責任』（川人博著、旬報社、二〇〇六年）によると、職場のハラスメント（いじめ）の結果、心身の健康を奪われるケースは多く、日本の職場にはこのハラスメントが広がっている。

「セクハラに関しては、ある程度、企業や行政によって規制がかけられているが、それ以外の上司による部下へのハラスメントに関しては、業務命令、教育指導の範囲内という口実で、野放しになっている職場が多い」（前掲書　九六頁）

「厚労省は、二〇〇五年一二月に通達を発して、セクシュアルハラスメント（セクハラ）によって心の傷を負った労働者（主として女性）に労災認定を認める方向性を明確にした。しかし、それ以外のハラスメント、すなわち上司による嫌がらせやいじめが原因でうつ病になったり、自殺したケースでは、『上司による部下への指導の範囲』などと称して、ほとんど労災と認定していない」(同、八二頁)

厚労省の統計でも、民間の職場でのハラスメントに関する相談件数は近年急増し、二〇〇三年度の一万一六九七件から〇七年度は二万八三三五件にも上っている。

ただ、近年、パワーハラスメント自殺裁判では原告側勝訴の例が見られる。たとえば二〇〇三年五月に、上司のいじめと精神疾患発症・自殺の因果関係、自治体当局の責任を認めた「川崎市水道局いじめ自殺事件」の東京高裁判決が確定した。二〇〇七年一〇月には、製薬会社「日研化学」(現興和創薬)の男性社員が鬱病にかかり自殺したのは、上司の暴言が原因で、企業は安全配慮義務に違反したと、労災認定した東京地裁判決も確定している。

防衛省は自衛隊員の自殺防止対策として、メンタルヘルスケアの充実に取り組んでいるとアピールする。その指針となったのが、二〇〇〇年一〇月にまとめた「自衛隊員のメンタルヘルスに関する提言」である。同提言は、「メンタルヘルス活動の意義」についてこう述べている。

「個々の隊員の精神的健康を維持し、個人の資質・能力がより効果的に発揮できるように支援する諸活動である。この結果、メンタルヘルスは個々の隊員のみならず、部隊(職場)にとっても、その活力の向上、職務遂行の円滑化等に寄与する重要な要素となる」

「国防という観点から見ても、隊員の『規律・団結・士気』を高め、精神的精強性を保持するために非常に重要な活動である」

「職務遂行の円滑化」や「精神的精強性を保持」とあるように、組織の論理の色合いが濃い。近年の日米軍事一体化と自衛隊の海外派遣の拡大、集団的自衛権の行使や改憲への動きを背景に、「精強な部隊の練成」など自衛隊が精強性を強調する傾向とも重なって気になる。「テロとの戦い」での治安維持などを名目に、米軍と共同の戦闘行為にまで及べば、「命令には絶対服従」が強調されるだろう。

自衛隊のような国家機関であれ、民間企業であれ、組織の論理を優先し、管理・統制の視点からメンタルヘルスに取り組むのでは本末転倒である。管理・統制の視点に立つかぎり、上から下へ心理的負荷のベクトルが向かうのを防げない。上から下へと機能し、人間を手段化する「人的資源」の発想とともに、組織の論理そのものが問われている。

三　自衛官募集適齢者と徴兵適齢者の名簿

自衛官募集のダイレクトメール

我が家に一通の往復葉書が届いた。高校三年生の次男宛てで、自衛官募集のダイレクトメールだ。「自分を活かせる仕事」「多種多様な職種」。赤い活字のキャッチフレーズとともに、九つのコースの概要と応募資格が書かれている。「防衛大学校学生」コースは、「大学教育（理工・人社）による幹部自衛官を養成」とあり、応募資格は高卒の一八歳以上二一歳未満である。「2等陸・海・空士」コースは、「自衛官になる一般的なコース（任期制）」で、応募資格は一八歳以上二七歳未満だ。そのほかに、「幹部候補生」「防衛医科大学校学生」「航空学生」「看護学生」「一般曹候補生」「自衛隊生徒」「予備自衛官補」の各コースがある。

自衛隊神奈川地方協力本部募集課宛ての返信葉書の切手は不要で、氏名、保護者名（一七歳未満のみ）、住所、電話番号、生年月日を記入し、希望コースを選ぶようになっている。応募資格に応じて併願もでき、受験料はすべて無料だ。「受験したい」「細部の説明が聞きたい」「募集案内・要領等の資料が欲しい」「学校や部隊等を見学したい」「イベント（体験航海等）に参加したい」という五つの項目から選択すると、資料送付や広報官からの電話案内などがされるようになっている。

このダイレクトメールを手にしたとき、なぜ高校三年生の息子の名前と住所がわかったのだろうかと疑問を覚えた。息子も、「なんだか気味が悪いね」と言った。

『防衛白書』などによると、各都道府県にある自衛隊地方協力本部は、都道府県や市町村や学校などの協力を得ながら自衛官募集業務をおこなっている。自衛隊地方協力本部は、住民基本台帳法で認められた住民の氏名・住所・生年月日・性別の四情報閲覧制度を使い、高校三年生など自衛官募集適齢者のリストを作っている。自治体によっては募集適齢者のリストをまとめて自衛隊に提供しているところもある。

平成一八年版『防衛白書』では、自衛隊というピラミッド型組織の基層を成す「2等陸・海・空士」の募集対象である一八歳以上二七歳未満の人口が、一九九四年の約九〇〇万人をピークに減少している点（二〇〇七年に約六七〇万人に減り、二〇一二年には約六〇〇万人を下回る見込み）を踏まえて、自衛官募集業務の重要性をこう指摘している。

「団塊世代の大量退職などにより企業などが採用者数を増加させていること、および、今後、高卒業者の進学率の増加が見込まれることから、防衛庁（現防衛省）では、中長期的に募集環境が厳しくなると予想している。自衛隊が各種任務を遂行するためには、質の高い人材を確保することが必須の要件であり、そのためには、募集に対する地方公共団体や関係機関などの協力が不可欠である」（三〇五頁）

私は、ここにある「質の高い人材を確保」という言葉から、戦前の国家総力戦・国家総動員体制づくりに源を持つ「人的資源」の歴史を想起せずにはおれない。自衛官募集のダイレクトメールを手にしたとき、疑問とともに強い違和感を覚えたのも、自分たち家族の知らないところで、家族のひとりが自衛隊という国家機関から「人的資源」と見なされていると感じたからであった。

人材確保に「レンタル移籍制度」

二〇〇四（平成一六）年一二月一〇日に、当時の小泉純一郎内閣で閣議決定された「平成一七年度以降に係る防衛計画の大綱について」（以下、「新防衛計画大綱」）のなかに、「人的資源の効果的な活用」という項目があり、こう記されている。

「隊員の高い士気及び厳正な規律の保持のため、各種の施策を推進するとともに、自衛隊の任務の多様化・国際化、装備の高度化等に対応し得るよう、質の高い人材の確保・育成を図り、必要な教育訓練を実施する」

「人的資源の効果的な活用」のためには、当然、自衛官の募集にも力を入れなければならない。二〇〇七年六月、防衛省の「防衛力の人的側面についての抜本的改革に関する検討会」は、「報告書」を出し、「質の高い人材確保」ために、「他の公的機関や民間企業に採用された者が自衛隊で暫定的に勤務する制度（レンタル移籍制度）の創設」を検討すると発表した。

「レンタル移籍制度」とは、民間企業の若手社員や内定者、自治体など他の公的機関の若手職員を、本人と雇用主と防衛省の合意を前提に、二～三年間、任期制自衛官（二等陸・海・空士）として受け入れ、教育・訓練の後、全国の部隊に配属して勤務させ、任期満了後に元の民間企業や公的機関に復帰、あるいは就職させるというものだ。

この制度が考えられた背景には、社員の体験入隊や退職自衛官の再就職などを通じた自衛隊と民間企業との交流がある。「報告書」によると、自衛隊地方協力本部の担当者が広報などのために企業を訪問して経営者や人事担当者と懇談するなかで、「退職自衛官は規律正しく、真面目だ。うちの若い社員にも見習ってほしい」旨の話がよく出るという。

実際、社員研修として自衛隊への三～四日間の体験入隊を実施する企業も増えている。二〇〇六年度中に陸上自衛隊が受け入れた体験入隊の件数は、一般男性で約四七〇件（人数にして約九七〇〇人）、一般女性で約七〇件（約六六〇人）、学生で約三六〇件（約四七二〇人）、合計約九〇〇件、約一万五〇〇〇人にも上る。

自衛隊の準機関紙『朝雲』（二〇〇七年七月二六日）によると、防衛省は「自衛隊の精強性維持のため年間約一万人を任期制自衛官として」採用している。一方で、毎年約五〇〇〇～六〇〇〇人が任期満了で退職する。少子化が進み、募集対象人口も減り、「大量採用、大量退職を前提とした制度では良質の人材確保が困難になる恐れがある」という。

「報告書」も自衛官募集環境の厳しさに触れ、「他の公的機関や民間企業と競合することなく、限られた人的資源を有効に活用可能な方策を考えることが必要である」とし、その結果、考え出されたのが「レンタル移籍制度」だと説明する。そして、企業には若手社員の「資質向上等を期待できるメリット」があり、防衛省にとっては任期制自衛官の募集難の緩和につながると期待を表す。「双方のニーズを満たす施策」なのだという。

さらに「今後の措置」として、「自衛隊へのレンタル移籍制度に関心を有する民間企業等が実際に存在することから、今後、これらの民間企業等の意向調査も踏まえた上で調整を進め、試行的に当該施策を実現することに努め、実施後の評価及び効果などを検証した上で、制度化について検討を行うこととする」と提言している。

しかし、本人と雇用主と防衛省の合意を前提にするというが、被雇用者である社員や職員が、上司から「レンタル移籍」というかたちでの自衛隊入隊を勧められたら、断るのはほぼ無理だろう。業務命令や職務命令として告げられる場合もあるはずだ。内定者だと応じなければ就職できないことになる。事実上の強制といえるのではないか。

二〜三年間の任期制自衛官になることは、体験入隊とはまったく次元が異なる。本格的な戦闘訓練を受け、仮に戦争など有事が起きれば命がけで任務を果たさなければならない。任期満了で元の職場にもどった後、予備自衛官に志願し採用されれば、有事の「防衛招集」や「国民保護等招集」、災害救援のための「災害招集」に応じる義務が生じる。

もしも「レンタル移籍制度」が実現したら、毎年、軍事組織である自衛隊に民間企業や自治体などの公的機関から、社員や職員が一定期間送り込まれ、軍事組織特有の絶対的命令システムを教え込まれて職場に復帰することになる。それは予備自衛官やその志願有資格者も増えることを意味する。潜在的な兵力が一般社会のなかに着実にプールされていくのである。軍事の論理が一般社会に浸透してゆく仕組みがつくられることにもなる。

それにしても、一人ひとり人格のある人間を、商品や道具でもあるかのように「レンタル」の対象と見なす発想とは、いったい何なのだろうか。第二章で触れた、財界と政府・与党による雇用構造の改変政策と結びつけて考えてみる。

たとえば経団連は一九九〇年代後半から、規制緩和を求める提言をし、人材派遣の対象業務の自由化などを求めてきた。それは「わが国経済が活力を維持・向上していくためには、円滑な労働移動や就労形態の多様化を支える労働力需給システムが不可欠だから」と理由づけられた。要するに、企業の国際競争力を上げて利潤を確保するためには、低賃金の非正規雇用を増やして人件費を削減しなければならないというわけだ。そのために「限られた人的資源を有効に活用する」ことが唱えられた。

有力財界人と一部の経済学者が核となる経済財政諮問会議などでも、「人的資源の有効活用」や「労働移動の円滑化による人的資源の最適配分」といった表現で、労働法制の規制緩和と非正規雇用の増大が進められた。

「レンタル移籍制度」のキーワードも「人的資源の有効活用」である。自衛隊と民間企業の間で、若者を兵力及び労働力として融通し合って「双方のニーズを満たす」のである。それが「人的資源の最適配分」につながるというわけだ。人を管理し、使い、統制し、命令する側から見れば、国民全体が労働力や兵力のための膨大な「人的資源」のプールとして位置づけられるのであろう。

自衛官募集適齢者の情報収集

二〇〇七年六月、自民党の政務調査会国防部会は「自衛官の質的向上と人材確保・将来の活用に関する提言」を発表した。少子化に伴う若年人口の減少で、自衛官募集環境が厳しくなっている点を踏まえ、次のような方針を打ち出した。

「自衛隊法の規定により、地方公共団体は自衛官の募集業務の一部を行うこととされている。また、市町村長に対して、地方協力本部への適齢者情報（氏名、生年月日、性別及び住所）の提供や広報宣伝などを依頼している。しかしながら、地方公共団体からの協力には、地域によって大きな差異があり、一部の地方公共団体からは必要な協力が得られていない状況（適齢者情報の提供は全体の約二割）にある。

このため、自衛官の募集に当たって、全ての地方公共団体は、適齢者情報の提供等、必要な協力を行うべきである。

また、自衛官の募集に関して、地域により、高校、大学等の協力にも差が見られることから、今後は、高校、大学等との連携の強化も図るべきである」

つまり、募集適齢者リストの提供を自治体に強く求めるよう、政府に要請していくというものだ。

しかし、自衛官募集に対する自治体の協力に関しては、以前、大きな社会的問題が起きている。

二〇〇三年四月二二日、『毎日新聞』は一面トップで、石川県七尾市など一部の自治体が自衛官募集のため、自衛隊側の協力要請に応じて、氏名・住所・生年月日・性別の四情報のほかに健康状態や保護者名までも含む募集適齢者名簿を自衛隊に提供していた事実を報じた。大治朋子《おおじともこ》記者によるスクープであった。その記事は問題点を鋭く突いていた。

「自衛隊の各地方連絡部（地連）は、市町村提供の適齢者名簿をパソコンに入力、管理しており、現行の『行政機関の保有する電算機処理にかかる個人情報保護法』の対象となる。4条の『個人情報ファイルの保有制限』は、行政機関が個人情報の電子データを保有する場合、必要な範囲に限るよう定めている。しかし、各地連は世帯主の情報なども集めており、同条違反の疑いがある。

また防衛庁は、住基台帳で閲覧できる氏名など4情報の提供自体は問題ないとした。しかし、総務省市町村課は『閲覧以外で不特定多数の情報を外部提供することは住基台帳法に規定がない。住基台帳の適正管理を定めた3条や36条2に照らしても望ましくない』と述べている」

なお、地方連絡部は二〇〇六年に、現在の地方協力本部に改称した。

この報道を受けて、当時の石破茂防衛庁長官は閣議後の会見で、「四情報以外は保護者の氏名といっても入手していいものではない。ましてや健康状態を入手することはあってはならない」と語った。その二日後、適齢者情報の収集は四情報に限るとの事務次官通達も出された。問題は国会でも取り上げられた。野党の追及に対して、当時の小泉首相は、「四情報以外は収集する必要がない。これを周知徹底させ、国民の不安を招かないようにする」と答弁した。

プライバシー性の高い健康状態や保護者名まで提供を求めていた自衛隊と、それに安易に応じていた自治体。国家機関が個人情報を収集して蓄積し、その活動や目標実現のために利用することの危うさが浮き彫りにされた出来事だった。将来の徴兵制導入への地ならしではないかという危惧と抗議の声も、各地で市民の間から上がった。しかし、自民党の政務調査会国防部会の自衛官募集に関する提言は、二〇〇三年に起きたこの問題について言及していない。

徴兵適齢届と壮丁名簿

この国にはかつて、全国の市町村が徴兵制度の網の目に組み込まれ、若者を軍隊に送り込む大きな役割を果たしていた歴史がある。戦前・戦中、全国の市町村には兵事係があり、徴兵検査の手配、召集令状の交付、戦死公報の伝達、戦死者の葬儀、遺族の援護など、兵役に関する業務を担っていた。

一九三〇年から四五年まで、滋賀県の旧東浅井郡大郷村《おおざと》（現長浜市）役場で兵事係を務めていた西《にし》邑《むら》仁《に》平《へい》（一〇五歳）は、敗戦時の軍による焼却命令に背いて、密かに兵事書類を自宅に運び、保管していた。

「軍の焼却命令には合点がいきませんでした。村から多くの戦没者が出ています。兵事書類を焼いてしまったら、戦争に征かれた人の労苦や功績も無になってしまう、遺族の方にも申し訳ない、と思ったんです」

と語る西邑は、二〇〇七年夏、戦後六〇年あまりの沈黙を解き、「戦争は悲しみだけが残る。二度としてはいけない。この兵事書類が、戦争がどんなものなのかを知るための証しとなれば」との思いから、地元の浅井歴史民俗資料館の終戦記念展のために、約一〇〇〇点の兵事書類を公開した。そのなかに、「徴兵適齢届」という文書がある。

「本籍地、本人現住地、戸主トノ続柄、本人ノ氏名・生年月日・職業・技能・就学程度、本人妻子内縁ノ有無、本人傷痍疾病ノ有無、家族数、生活状態、宗教」などの記入欄が並んでいる。そして、「右徴兵適齢ニ達シ候《ソウロウ》ニ付届出候也《ナリ》」、「東浅井郡大郷村長殿」とあり、届出の年月日と戸主の氏名を書くようになっている。

一九四五（昭和二〇）年のアジア・太平洋戦争敗戦以前の日本、すなわち大日本帝国の時代は、徴兵制が布かれていた。大日本帝国憲法第二〇条には「日本臣民ハ法律ノ定ムル所ニ従ヒ兵役ノ義務ヲ有ス」とあり、兵役法第一条において「帝国臣民タル男子ハ本法ノ定ムル所ニ依リ兵役ニ服ス」と定められていた。

従って、前年一二月一日〜当年一一月三〇日に満二〇歳になる男子は、必ず徴兵検査を受けなければならなかった。その徴兵適齢者が家族にいれば、一家の戸主は当年の一月中に本籍地の市町村長に届け出る決まりになっていた。毎年、各戸主からの「徴兵適齢届」は、徴兵事務をまとめた分厚い「徴兵ニ関スル書類綴」に一枚一枚綴じ込まれた。

徴兵適齢者は壮丁《そうてい》と呼ばれた。「徴兵適齢届」を元に壮丁の人数をまとめた「壮丁人員表」が作られた。それは、「徴兵適齢届」と戸籍簿を照合した「壮丁名簿」とともに、県の兵事官を経て軍に提出された。そして、出頭日時と場所を記した「徴兵検査通達書」が各徴兵適齢者に交付された。

徴兵検査の前に、徴兵適齢者たちは予備検診を受けた。その結果をまとめたのが、「壮丁予備検診成績表」である。予備検診ではトラホーム、結核、花柳病（性病）、その他の疾病の罹患者をチェックした。

そして徴兵検査では、身長・体重・胸囲の測定、眼・耳鼻咽喉・視力・聴力・陰部・肛門・関節運動などの検査をし、体格と健康状態に応じて甲・第一乙・第二乙・丙・丁・戊の各種に選別した。甲種は現役兵に最適、第一乙・第二乙種は現役か補充兵役に適し、丙種は徴集の対象外だが戦時の召集はあり得る国民兵役に適し、丁種は不合格で兵役免除、戊種は発育の遅れなどで判定できず翌年再検査とされた。

つまり、日本陸軍の国家総力戦研究に使われた言葉、「戦用諸資源（人、馬、物件ノ全部ニ亘ル）」「兵員資源」「人的資源」として、どれだけ有用か、あるいはほぼ無用なのかが厳しく選り分けられたのである。軍にとっては、甲種合格者や第一乙種合格者が多ければ多いほど、補充する兵力の質と量が向上し、兵力の動員計画も立てやすくなる。さらに、徴兵検査に合格した現役兵らの戸籍抄本と、性格・品行・風評・家庭環境・生活状態など個人情報を兵事係が調べて記入する「現役兵身上明細書」が、軍に提出された。

国家は徴兵適齢者の名簿を提出させ、個人情報を把握し、体の隅々まで調べ、選別した。それは毎年、全国で精密な機械のように繰り返された。ベルトコンベアに乗せられたように、多数の若者たちが生活の場から切り離されて、軍隊に入れられた。有事となれば戦場に送られた。日本が戦争のできる国だった時代、「人的資源の有効活用」とはそのようなかたちをとっていたのである。

第四章　優生思想と差別と「人的資源」

一　厚生省と「生めよ殖やせよ人的資源」

「人的資源」の発想は、国家にとって有用な人間と無用な人間を選り分ける尺度にもなってきた。「人的資源の有効活用」を推し進めた国家は、「人的資源」の量だけではなく、その「質の向上」も目指した。そこに「人的資源」の発想と差別的な優生思想が結びついてゆく土壌が生まれたのである。

壮丁の体位向上と厚生省の創設

「国民ノ体位向上ニ関シテハ国家ノ方針ニ基キ各種機関ニ於テ相当考慮セラレテ居ルモノト信ジマスガ、現下ノ時局ニ鑑ミ特ニ適齢壮丁ノ体位如何ハ国防上重大ナル影響アルコトニ思ヲ致シ、各市町村ニ於テモ各種機関特ニ青年学校等ト連繋シ、壮丁ノ体位向上ニ関シ一段ノ力ヲ傾倒セラレンコトヲ望ミマス」

言葉づかいは丁重ながら、格式張った語調に国家の威光を背にした硬質の意がにじんでいる。一九四〇（昭和一五）年の徴兵検査が完了した後、敦賀連隊区司令官が同連隊（歩兵第一九連隊）管轄の徴兵区域にあたる、福井県から滋賀県北部にかけての町村長らに演説をしたときの一節である。

演説のなかで、「現下ノ時局ニ鑑ミ特ニ適齢壮丁ノ体位如何ハ国防上重大ナル影響アルコト」と強調されているのには理由があった。一九三七年七月七日の盧溝橋事件に端を発した日中戦争（当時は支那事変と呼ばれた）は三年を過ぎ、中国に侵攻した日本軍は中国国民政府軍と中国共産党軍の根強い抗戦により、泥沼化した長期戦を余儀なくされていた。戦死傷者も増え、日本軍は兵員の補充に追われていた。中国戦線に精強な新兵を送り込むためにも、徴兵適齢者である青年の体格と体力の向上が強く望まれていた。

なお、この演説を記した文書は、前述の滋賀県旧浅井郡大郷村の兵事係だった西邑仁平が、密かに残した兵事書類のひとつで、「徴兵ニ関スル書類綴　自昭和十五年　至昭和十七年」という分厚い書類綴じ込みのなかにあったものだ。

当時、「壮丁ノ体位向上」が叫ばれていたのは、日中戦争の開戦より一年前の一九三六（昭和一一）年六月一九日、広田弘毅内閣の閣議で寺内寿一陸軍大臣が、徴兵検査を受ける壮丁の体位が近年著しく低下し、不合格者も増えている問題を指摘したのがきっかけだった。寺内は軍部を代表する立場から、速やかに対策を立てるよう強く求めた。

この問題の背景には、結核患者の増加があった。『厚生省五十年史』記述篇（厚生省五十年史編集委員会編、財団法人厚生問題研究会、一九八八年）によると、大正年間に人口一〇万人当たり二〇〇人以上だった結核死亡率は、昭和初期には一八〇人台まで下がったものの、一九三三年から再び増え始めていた。三五年には一九〇・八人に達した。死亡者数では一三万二〇〇〇人を数え、患者数も一二〇万人に上ると見られた。特に一五歳〜三〇歳の青壮年層の死亡率が高く、平均値の四倍以上だった。こうした結核の蔓延は、農村地帯にも及んだ大恐慌の影響と凶作飢饉などによって窮乏家庭が増え、国民の栄養状態・健康状態が極度に悪化したことから来ていた。

その影響は徴兵検査にも現れた。一〇〇〇人当たりの甲種合格者が一九一六（大正五）年には三七二人だったのが、三五年には二九七人まで下がり、一方、丙種合格者が二二八人から三一八人に増え、不合格である丁種も五四人から六三人になっていた。

危機感を募らせた陸軍は、一九三六年六月二二日、「再び衛生省設立の急務に就いて」という文書を発表した。前掲書によると、同文書は、第一次世界大戦後、欧州諸国が衛生省を設けて国民の体力向上に努めているのに対し、日本では対策が遅れて国民体位の低下を招いていることを指摘したうえで、各省の衛生行政に関わる部局を統合した衛生省を設置し、衛生行政を強化する必要を訴えていた。

その頃、帝国日本の官僚機構の要ともいえる内務省も、自らの省内に衛生局を抱えることから衛生行政の強化に意欲を示し、乳幼児死亡率の低下、学童体位の向上、工場労働者の健康増進などのために、国民の健康対策に関する調査研究を内閣調査局でおこなうよう求めた。そして、広田首相の指示を受けた内閣調査局は、「衛生行政機構ノ改革ト行政制度ノ改善ヲ断行スベシ」という答申を出した。

一九三七年六月、第一次近衛文麿内閣により「社会保健省（仮称）設置試案」がつくられた。その

「設置ノ理由」には、こう書かれている。

「人的資源ノ改善充実ヲ図リテ国民的活動力ノ源泉ヲ維持培養シ産業経済及非常時国防ノ根基ヲ確立スルハ国家百年ノ大計ニシテ、特ニ国力ノ飛躍的増進ヲ急務トスル現下内外ノ状勢ニ鑑ミ喫緊ノ要務タリ」

「人的資源ノ改善充実ハ国民体位低下ノ現状ニ鑑ミ直接体位ノ向上ヲ目標トシテ体育運動ノ普及徹底、保健衛生施設ノ拡充整備等其ノ行政刷新強化ヲ図リ国民体位ノ維持増進ヲ期スルヲ以テ必須ノ時務トスベキ」

同年七月には、国民体力の向上と国民福祉の増進を担う保健社会省（仮称）の設置が閣議決定された。これらの構想は省の名称を変えて、翌三八年一月一一日の厚生省（現厚労省）発足につながっていった。厚生省には、体力局、衛生局、予防局、社会局、労働局が置かれた。初代厚生大臣は木戸幸一文部大臣が兼任した。

すべては国家総力戦のために

厚生省は単に国民の健康と福祉のためにできたわけではない。一九三八年九月に厚生省が出した『国民保健方策』には、次のように厚生省新設の目的が記されている。

「急速且つ徹底的に国民の健康を増進し、体力の向上を図り以て強健なる国民を育成し人的資源を培養強化し、産業、経済及国防の根基を確立するは、事変下、躍進途上に在る我国としては将に喫緊の要務である」

当時、日中戦争は一年が経過していた。この国家総力戦を遂行するためには、戦場に赴く兵力と軍需生産のための労働力すなわち「人的資源」の安定供給が不可欠である。だから、「人的資源の培養強化」つまり「強健なる国民の育成」が必要とされ、「国民の健康増進」と「体力の向上」のための新しい官庁、厚生省がつくられたのである。

厚生省ができた同じ一九三八年の四月一日、近衛内閣のもとで国家総動員法が公布された。その第一条には、「戦時（戦時ニ準ズベキ事変ノ場合ヲ含ム以下之ニ同ジ）ニ際シ国防目的達成ノ為国ノ全力ヲ最モ有効ニ発揮セシムル様人的及物的資源ヲ統制運用スル」ことが、同法の目的として明示されている。

国家総力戦に備えて、「人的資源・物的資源」を「統制運用」するための研究と制度づくりは、軍人と官僚が第一次世界大戦中の一九一〇年代半ば（大正初期）から進めてきた。その動きが一九二七（昭和二）年に、国家総動員体制構築のための中央機関、資源局の創設へと結びつく。資源局は「人的資源・物的資源」の調査、総動員計画の策定、必要な法令の立案などに力をそそいだ。

日中戦争が始まった一九三七年一〇月、資源局は内閣調査局の後身である企画庁と統合され、さらに強力な国家総動員統轄官庁にして総合国策企画機関でもある企画院が発足した。国家総動員法案の立案は企画院においてなされ、翌年の同法公布に至る。

つまり、厚生省の創設は国家総動員体制づくりの一環だった。「産業、経済及国防の根基」すなわち国家総動員体制の根本を支える「人的資源」、しかも「強健なる国民」としての「人的資源」をいかに育成し、増やし、維持するか。そのためにはどのような保健・衛生・医療行政をすべきか。「人的資源」を生産力向上のために統制運用するには、いかなる労働行政をすべきか。それらが厚生省に託された「喫緊の要務」、使命だった。

ちょうど同じ年にできた厚生省と国家総動員法は、国家総力戦の遂行という帝国日本の一大国策から生まれたいわば双生児であり、どちらにも「人的資源」の発想が深く宿っていたといえる。

「健兵健民政策」の推進

厚生省に託された「喫緊の要務」のための包括的政策が、「健兵健民政策」だった。軍医総監及び陸軍医務局長を経て厚生大臣になった小泉親彦による呼称である。『厚生省五十年史』記述篇や『厚生省の誕生』（藤野豊著、かもがわ出版、二〇〇三年）によると、それはたとえば次のように実行に移された。

一九三八年、国民健康保険法を制定し、それまで健康保険の対象外だった農漁民や個人商店主なども含む国民健康保険制度を導入した。全国の市町村に国民健康保険組合を設立する「国民皆保険政策」を進めた。「人的資源の培養強化」のためには、全国民に医療機会を保障する必要があったのである。

また、国民への保健衛生指導を徹底するため、全国に保健所網をはりめぐらせた。

一九四〇年には国民体力法を制定して、一七歳以上二〇歳未満の男子を対象に毎年体力検査（身体測定、運動機能と精神機能の検査、結核やトラホームや性病などの検査）をおこない、その結果と指導措置を記した体力手帳を交付した。

体力検査の報告を市町村長から受けた道府県知事は、選任した国民体力管理医をとおして必要な保健指導をし、結核や性病の患者には療養の処置を命じた。その処置を命じられた者が貧困のため義務を果たせない場合は、国費で国民体力管理医による療養指導を受けさせた。体力虚弱者には、国民体力向上健民修練会への参加を義務づけ、後に健民修練所を各地に設けた。結核の集団検診も強化した。

一九四二年には国民医療法を制定し、政府出資の特別法人である日本医療団を設置した。無医町村に診療所を設けて医療機関網を確立すること、既存の道府県立・市町村立の結核療養所を統合して病床数を大幅に増やすことなどが、その事業内容だった。

乳幼児の資質の向上と死亡率の低下も大きな課題となった。一九四二年の国民体力法改正に基づき、「乳幼児体力向上指導要綱」を全国の市町村に通知し、一歳と二歳の乳幼児の体力検査を市町村で実施することとした。乳幼児の一斉検診、巡回保健婦による指導・相談などもおこなわれた。同じ年、「妊産婦手帳規定」を定め、妊産婦手帳の交付と保健指導、必要な物資の配給もおこなうこととした。

このような「健兵健民政策」は、当時の一大国策だった人口増加政策とも結びついていた。一九四一年一月二二日、第三次近衛内閣で企画院が起案した「人口政策確立要綱」が閣議決定された。要綱の趣旨は以下のとおりである。

「東亜共栄圏ヲ建設シテ其ノ悠久ニシテ健全ナル発展ヲ図ルハ皇国ノ使命ナリ、之ガ達成ノ為ニハ人口政策ヲ確立シテ我国人口ノ急激ニシテ且ツ永続的ナル発展増殖ト其ノ資質ノ飛躍的ナル向上トヲ図ルト共ニ東亜ニ於ケル指導力ヲ確保スル為其ノ配置ヲ適正ニスルコト特ニ喫緊ノ要務ナリ」「皇国」すなわち大日本帝国を盟主とする「大東亜共栄圏」の建設と発展のためには、人口の増加と資質の向上、適正な配置が重要だというのである。そのためには、当時約七三〇〇万人だった「内地人人口」を「昭和三十五年総人口一億ヲ目標トス」とある。「高度国防国家ニ於ケル兵力及労力ノ必要ヲ確保スルコト」も重点目標として挙げられている。そして、具体的な「人口増加ノ方策」として、「一夫婦ノ出生数平均五児ニ達スルコトヲ目標トシテ計画」したうえで、次のように列挙している。

健全な家族制度の維持強化、公営機関による結婚紹介・斡旋、婚資貸付制度の創設、母性の国家的使命と保育・保健の知識に関する教育の強化、家族手当制度の確立、多子家庭の表彰と物資の優先的配給、産院と乳児院の拡充、避妊や堕胎など人為的産児制限の禁止、性病の絶滅、保健所中心の保健指導網の確立、乳幼児死亡率の低下、結核の予防と早期発見・早期治療、全国民に及ぶ健康保険制度の拡充強化、医療機関の拡充……。

そこには、厚生省の「健兵健民政策」との共通点がいくつも見られる。一九四一年八月には、人口政策推進のため、厚生省に人口局が新設された。

「強く育てよ　みくにの為に」

「健兵健民政策」と「人口政策確立要綱」は、国家総動員体制のもと、「人的資源」の発想を通じて結びついていた。「高度国防国家ニ於ケル兵力及労力」とは「人的資源」にほかならず、人口の増加は「人的資源」の増加そのものである。

『国民総動員の時代』（北河賢三著、岩波ブックレット、一九八九年）によると、厚生省は「人口政策確立要綱」に基づいて、男子二五歳、女子二一歳までの早婚奨励の通達を出した。大日本婦人会や大政翼賛会も結婚促進運動を起こした。

「結婚率は、一九四〇年には人口一〇〇〇人あたり九・一二、四一年一〇・六九、四二年九・〇四、四三年九・八二と、戦時下にもかかわらずきわめて高い水準をしめしている。これは、結婚奨励策と、既婚婦人は勤労動員を免除されることが、おもな原因だったといわれる」（『国民総動員の時代』五六頁）

そして、「生めよ殖《ふ》やせよ人的資源」がスローガンとなった。『厚生省五十年史』記述篇によると、すでに厚生省は一九三九年に「多子家庭表彰要項」を発表し、嫡出子一〇人以上を育成した家庭を表彰することとしていた。四〇年には一万〇六二二家庭が「子宝部隊」として表彰された。厚生大臣名義の表彰状には、「多数ノ子女ヲ育成シ国本ノ培養ニ資スル所尠カラス仍テ茲ニ之ヲ表彰ス」と記されていた。当時の厚生省の政策を広める印刷物には、「強く育てよ　みくにの為に」という見出しとともに、こう書かれている。

「この可愛い、赤ちゃんを第二の国民として立派に育てあげてこそ、銃後の母に凱歌があがる。その母の尊い使命を守る一例――。大阪では市の肝入りで町会が先に立ち、町会のお母さんたちを集めては大切な赤ちゃんの健康診断や育児上についての講習会を開き、また沢山の子宝を育て上げたお母さんたちには名誉の子宝賞を与えて、銃後の人的資源の確保に万全を期している」(『国民総動員の時代』、五七頁)

一九四一年からは表彰家庭の子女に対する育英費補給の事業が始まった。結婚資金の貸し付け、結婚斡旋施設の普及、産児の奨励金交付など、厚生省は人口増加のための事業を次々と展開した。

「人口政策確立要綱」には、人口の「資質増強ノ方策」も盛り込まれ、「資質ノ増強ハ国防及勤労ニ必要ナル精神的及肉体的ノ素質ノ増強ヲ目標トシテ計画ス」と書かれている。その具体的方策としては、たとえば次のような項目が並んでいる。

農村は最も優秀な「兵力及労力ノ供給源」なので、農業人口の一定数の維持を図る。都市の青少年の心身練成を強化し、優秀なる「兵力及労力ノ供給源」とする。青年男子の心身鍛練のため、一定期間、特別の団体訓練を義務づける制度を設ける。各種厚生体育施設を大幅に増やす。優生思想の普及と国民優生法の強化徹底を期する。

「人口増加ノ方策」は「人的資源」の量的側面に着目し、「資質増強ノ方策」は「人的資源」の質的側面に主眼を置いていた。

「人的資源」の発想は、国家が国民の生命と健康を管理・統制し、国家にとって有用な人間と無用な人間を選別するための尺度にもなっていた。

二　国民優生法と断種

「人的資源」の条件

国家総動員法を立案した企画院の調査官、美濃口時次郎の著書『人的資源論』（八元社、一九四一年）のなかに、次のような記述がある。

「現下の日本に就いて人的資源の問題として考究せられなければならない最も緊要なる問題は、如何にして優秀なる国防力としての人的資源と、新たなる産業の要求に適応したる人的資源とを確保するかといふ問題に帰着することになると思う。但しこの問題を解決するには、まづもって何よりも第一に必要量の人口がそこに確保されていなければならないことはいふまでもないが、しかし単なる人口は直ちにそのすべてを以て一国社会の人的資源を構成すると見ることは出来ない。人口が一国社会の人的資源となるためには、その第二にその人口が立派に国防力、または労働力として活動し得るだけの体資を具えていなければならない。病人や廃疾者や白痴や精神病者などすでに肉体的に国防力または労働力として活動し得るだけの能力を備えていない者は勿論其の国社会の人的資源と見做すこと

は出来ない」（三〇六頁）
つまり、兵士としての任務や労働者としての仕事に就きうる体力・能力を備えていることが、国家にとって有用な「人的資源」となる必要条件だというのである。そして、「病人や廃疾者や白痴や精神病者など」と括られる人間たちには、「人的資源」としての資格はないと断じている。
この本が出版されたのは、一九四一年一〇月である。三七年七月に始まった日中戦争は長びき、日本軍は苦戦を強いられていた。戦死傷者も増え続け、兵員の補充は差し迫った課題だった。武器弾薬など軍需物資の増産も必要に迫られていた。やがて四一年一二月には、アメリカとイギリスに対する戦争も始まるという時代状況である。国家総力戦を勝ち抜くため、兵力・労働力の源としての人口増加が国策となっていた。
強大な権限を行使し、国民を戦争遂行の駒として動員・統制する官僚組織の一員である美濃口の視点からは、その駒、すなわち「人的資源」になれない者たちの人口が増えるのは望ましくなかったにちがいない。

国民優生法という名の断種法

『人的資源論』が出版されたのと同じ一九四一年の七月一日、『朝日新聞』に「断種の判定に〝審査会〟国民優生法けふ第一日」という見出しの記事が載った。

「精神病をはじめ悪質強度の遺伝性諸疾患を〝断種〟し、わが大和民族の血の純潔を守ろうといふ

『国民優生法』はいよいよ七月一日から全国一斉に施行されるが、厚生省優生課では同法適用のいはば〝陪審制度〟ともいふべき『地方優生審査会』設立に関する左の通牒を、卅日各長官宛に発した」と書かれている。

断種とは、男女の生殖器・生殖腺を除去せずに生殖を不能とする手術で、優生手術とも呼ばれる。男性の輸精管や女性の輸卵管を結紮《けっさつ》したり、切断するなどの方法がとられる。性交はできても子どもはつくれないようにするのである。

厚生省立案の国民優生法案が、当時の国会である帝国議会で可決・成立したのは一九四〇年三月。法律の公布が同年五月で、翌年七月一日に施行された。四〇年三月に帝国議会に提出された「国民優生法案理由書」にはこう書かれている。

「現下ノ時局ニ鑑ミ、人的資源ヲ拡充強化シ国民将来ノ発展ヲ期スル為ニハ、悪質ナル遺伝性疾患ノ素質ヲ有スル者ノ増加ヲ防遏《ボウアツ》スルト共ニ、健全ナル素質ヲ有スル者ノ増加ヲ図リ、以テ国民素質ノ向上ヲ図ル為、国民優生法ヲ制定スルノ要アリ」

この趣旨はほぼそのまま同法第一条に明記された。

「本法ハ悪質ナル遺伝性疾患ノ素質ヲ有スル者ノ増加ヲ防遏スルト共ニ健全ナル素質ヲ有スル者ノ増加ヲ図リ以テ国民素質ノ向上ヲ期スルコトヲ目的トス」

国民優生法は、「悪質ナル遺伝性疾患ノ素質ヲ有スル者ノ増加」を防ぐとして、優生手術すなわち断種の規定を設けた断種法である。断種の対象者は、「遺伝性精神病、遺伝性精神薄弱、強度且《カツ》悪質ナル遺伝性病的性格、強度且悪質ナル遺伝性身体疾患、強度ナル遺伝性奇形」に該当する者とされた。さらに、それらの患者ではなくても、四親等以内の血族にそれらの患者がいる夫婦で、将来生まれる子がそれらの疾患にかかるおそれが特に著しい場合、その夫婦も対象者とされた。

優生手術は任意が原則で、本人（心神喪失者の場合は父母または配偶者）の申請、または精神病院長や保健所長が本人の同意を得たうえでの申請に基づくと定められた。申請は地方長官（各府県知事、東京府長官、北海道庁長官）が受け、その判定は地方長官を長として、地方官庁の衛生課長、警察部長、地裁判事、検事、医師会長、遺伝学者、精神病学者などからなる「地方優生審査会」で下すこととされた。手術は地方長官の指定医がおこない、その費用は国費で賄うと定められた。

国民優生法は、人間を「優秀な遺伝形質を持つ者」と「悪質な遺伝形質を持つ者」に分け、前者の人口増加を図るとともに、後者の人口増加を防いで淘汰することで、民族や国民や人種の素質を遺伝的に改良するという優生学の考え方、優生思想に基づいている。

厚生省予防局は「国民優生法概説」を発行し、「我国は現下並に将来に亘《わた》つて多量の人的資源を必要として居るが若《も》し人口の質を考慮せずして徒《いたずら》に量のみの増加に着眼して人口の増加の助長奨励をなすときは却って逆淘汰を激化する虞《おそれ》があるから、此の際不健全なる素質者の増加を防止する方策を確立することが必要である」と説いた（『日本ファシズムと優生思想』藤野豊著、かもがわ出版、一九九八年、三三二頁）。

国民優生法は、国家にとって有用な人間と無用な人間を選別する、「人的資源」の発想を具現化したものである。

優生学と「人種改良論」

優生学は、イギリスの遺伝学者フランシス・ゴルトンが提唱し、一八八三年に『人間の能力とその発達の研究』という著書において初めて言及された。英語ではeugenics《ユージェニックス》という。ゴルトンは、『種の起源』を著して進化論を唱えたチャールズ・ダーウィンの従兄弟である。

優生学は応用遺伝学の装いをしているが、本質的には社会ダーウィニズムの一種だ。それは社会進化論とも呼ばれ、ダーウィンの唱えた生物進化論を人間社会にまで拡大解釈して適用し、社会現象をも説明する。生物進化論と同様の「生存競争・適者生存」の理論を人間社会にも当てはめ、社会は優勝劣敗の自然淘汰を通じて進歩すると主張する。一九世紀末から二〇世紀初めにかけて欧米で広まり、その代表的な思想家としてはイギリスの社会学者、ハーバート・スペンサーなどが挙げられる。社会ダーウィニズムは植民地支配、帝国主義、資本主義経済における利潤追求と貧富の格差、ナチズムの人種差別政策などの思想的正当化にも使われた。

優生学も「適者生存・優勝劣敗」の理論を取り入れ、「優秀な遺伝子」と「悪質な遺伝子」という善悪二分法的価値観を掲げた。それは精神病患者や知的障害者や遺伝性疾患の患者などを「悪質な遺伝子の持ち主」と決めつけ、差別し、社会から排除することにつながった。その排除の有力な方法が断種だった。断種対象者の人権と尊厳は侵された。

ダーウィンの進化論と社会ダーウィニズムは日本にも明治時代に伝わり、広まった。その代表的な思想家としては、東大総長にもなった国法学者の加藤弘之らが挙げられる。やがて優生学も伝わってきた。

『日本ファシズムと優生思想』によると、ゴルトンが優生学を提唱した一八八三（明治一六）年は、日本が近代国家への道を急速に歩みだした時期で、進化論とそれから派生した優生思想は、「文明開化」の思想として日本に流入し、当時の社会思想に大きな影響を与えた。進化論は社会ダーウィニズムとして受容され、「優勝劣敗と適者生存」という皮相な理解を生み出させた。富国強兵政策とも結びつき、社会ダーウィニズムの流行は、日本が欧米列強との生存競争に勝ち残るには何をすべきかとの関心を高めた。生物学的な「人種改良論」が論議されるようになり、優生思想を受容する土壌が形成された。

明治時代の末から大正時代にかけて、「人種改良論」を唱える生物学者、遺伝学者、生理学者、医学者などの著書が数多く出版され、優生学への関心が高まっていく。なかでも、東京帝国大学医学部生理学教室の主任だった永井潜《ひそむ》は、一九一三（大正二）年の著書『生命論』（洛陽堂）のなかで、遺伝の原理を人間に適用して「優秀なる人類」を造り、「悪しき遺伝」を有する「社会の厄介者」を少なくすることが、「人類改良学」だと述べるなど、積極的な発言を重ねて影響力を及ぼしていった。

その永井を中心に、優生学を研究する医学者、生理学者、生物学者、法学者、新聞記者などが結集して、一九三〇（昭和五）年に日本民族衛生学会が発足した。同学会は日本人の体質遺伝の根本的調査など研究活動を進め、機関誌『民族衛生』を発行した。講演会や「結婚衛生展覧会」などを開き、優生学の啓蒙普及活動にも力を入れた。永井は理事長を務めた。同学会は三五年に日本民族衛生協会へと改称し、その翌年、「日本民族衛生協会の建議」を発表した。『日本の優生学』（鈴木善次著、三共出版、一九八三年、一五八頁～一五九頁）によると、その骨子は以下のとおりである。

「生物進化は先天的素質に後天的素質が働いて起こるが、より前者が大切である。人間でも同様で、国家を繁栄させるのには環境も大切であるが、国民の質の水準を高めることである。しかし文化の発達とともに逆淘汰が働き、質が低下、古代文化はそのために滅んだ。民族衛生学はそれを矯正する役割をになっている。日本を愛する者は日本人の素質を改善することに努める必要がある。民族衛生の研究と適用とは、吾邦保健国策の根幹をなすものである。いま、日本と日本人は非常時に直面している。日本民族の優越性を発揚し、その短所を取り除くことが必要だ。そのため、次の政策を実行することが急務である。

一、日本民族衛生研究機関の設立。二、断種法の制定。三、結婚相談所の設置。四、民族衛生学（優生学）思想の普及徹底。五、各種社会政策の民族衛生学的統制」

厚生省と民族優生

日本民族衛生学会は一九三四年、独自に「断種法案」を起草して、内務省衛生局長らと話し合うなど政府にも働きかけた。三七年には日本学術振興会のなかに国民体力問題考査委員会優生学部委員会が設けられ、永井潜が委員長となり、優生学的機構の設置を求める建議案を内閣に提出した（『日本の優生学』一六四頁）。

一九三八年（昭和一三）に厚生省が創設されると、そのなかに予防局優生課が置かれた。同課はその年四月、優生学に関わる遺伝学者、精神医学者、法学者など各方面の権威者を集めて民族衛生協議会を開き、意見を聞いた。一一月には、同課内に民族衛生研究会が設けられ、断種法の研究にも取りかかった。民族衛生研究会が三九年に発行した『民族優生制度案要綱に就て』には、こう書かれている。

「民族優生とは優秀又は健全な素質を有する人口の増殖を図るとともに、劣悪な遺伝素質を有する人口の増殖を防遏して、民族の素質の維持向上を図り、民族将来の発展を期さうとする思想である。時局下人的資源の涵養、体力向上が極めて緊要となった今日、国民全体の特に重大な関心を必要とする問題である」

そして、具体的方策として「民族優生的多産奨励」と「悪質遺伝病子孫の防止策」を挙げている。前者は「遺伝的素質の優秀、健全な人々の出産を奨励すること」で、「優秀、健全な多数の子どもを産む」のは「国家に対する重大な御奉公である」という。既婚者や多産者への就職・俸給・租税面での優遇策、結婚と多産奨励のための「結婚貸付金制度」や「小児補助金制度」なども提唱している。一方、後者は「悪質の遺伝質の根源を絶ち、之によって国民の平均的素質の低下を防ぐこと」で、「悪質遺伝病者の産児防止を図る」のだという。その手段として「隔離・結婚禁止・避妊・妊娠中絶・去勢・断種」の六種類を挙げ、なかでも「断種は最も基本的なものである」としている。

つまり、「生めよ増やせよ人的資源」政策と優生学（民族衛生）に基づく断種政策は表裏一体であった。民族衛生研究会や日本民族衛生学会（協会）の発行物も、国民優生法に関する新聞記事も、国民優生法そのものも、現代の人権の視点から見て差別的表現が多用されている。しかし、社会ダーウィニズムと優生思想と国粋主義と「人的資源」の発想が一世を風靡していた当時の大日本帝国において、「民族優生」の主張は大まじめに、声高に唱えられ、国策となったのである。

また当時、優生学・優生思想はすでに欧米で社会的広がりを見せ、各国の政策にも取り入れられていた。一九〇七（明治四〇）年にはアメリカのインディアナ州で世界初の断種法が成立し、三八年までにカリフォルニア州など計三二の州で断種法が制定されていった。アメリカにおける断種実施人数は、三八年までの時点で二万五〇〇〇人を超えていた。そのうち半分はカリフォルニア州での実施である。

アメリカでの断種の対象者は、「精神病患者、精神薄弱者、癲癇《てんかん》者、梅毒患者、性犯罪者」など範囲も広く、精神病院や刑務所の収容者が主な対象になった。断種法は優生学的な目的と刑事政策的な目的を併せ持っていた。州によって強制断種か任意断種か、あるいはその両方の規定があった。たとえばカリフォルニア州の断種法では、州精神病院委員や州刑務所付属医師が収容者に対して強制的に断種できるとされていた。

ほかにも一九二〇年代と三〇年代に、デンマーク、ドイツ、スウェーデン、ノルウェー、フィンランド、スイス（ウォード県）、カナダ（アルバータ州、ブリティッシュ・コロンビア州）、メキシコ（ベラクルス州）で断種法が制定されている。

ドイツの断種法は、ヒトラー率いるナチス政権が生まれた一九三三年に制定され、「遺伝病子孫予防法」という名称だった。断種対象者本人の申請による任意断種とともに、「官吏たる医師」や「病院、治療院、養育院、刑務所の所長」からの申請による強制断種も認められていた。断種の実施は急ピッチで進み、断種法制定から一年あまりの間に被断種者は五万六〇〇〇人を超えた。四五年までに計三六万人ほどが断種されたといわれる。

その後、一九三九年に第二次世界大戦が始まると、ナチスの政策は変わった。断種は原則として中止された。そして、入院中の精神病患者や施設にいる障害児などを組織的に抹殺する「安楽死計画」が実行された。およそ七万人、あるいは十数万人から二〇万人が特殊施設で殺されたといわれる。

欧米での断種法の先行例を、日本民族衛生学会も、厚生省も熱心に研究した。特にドイツの「遺伝病子孫予防法」は、国民優生法案のモデルとされた。予防局優生課を中心に厚生省が国民優生法案をつくりあげ、米内光政内閣のもと一九四〇年三月に帝国議会に提出され、成立した。

戦時下、死を強いられた精神病者

当時、日本での断種法論議において、断種の対象となった精神病者を治療する立場の精神科医の一部からは、断種法制定に対して反対の声が挙がった。『日本精神病医療史』（岡田靖雄著、医学書院、二〇〇二年）によると、反対意見をはっきりと主張したのは、警視庁技師の金子準二、慶応大学医学部教授の植松七九郎ら少数であった。その反対意見の論旨は次のとおりである。

精神疾患の遺伝の実態が解明されていない、断種法は治療の進歩を妨げる、精神疾患の原因はひとつではない、病気の診断と重症度の判定が不確実、断種により精神病を減らせるのはごくわずかで「その根を絶つ」ことは不可能だ、精神病を隠すようになる、家族制度を壊す、など。

こうした意見は帝国議会での国民優生法案の審議にも影響を与えた。「日本――戦後の優生保護法という名の断種法」（松原洋子著／『優生学と人間社会』米本昌平・松原洋子・橳島《ぬで》次郎・市野川容孝著、講談社現代新書、二〇〇〇年、所収）によると、「子種を断つ断種は日本の国是である天皇を中心とした家族国家主義や多産奨励に反する」、「科学としては未熟な人類遺伝学を根拠とする断種法制定は、時期尚早である」などの反対意見が議員から相次いで出された。その結果、優生学的理由で妊娠中絶を認める条項の削除や、断種の申請で父母の同意が必要な者の年齢を二五歳未満から三〇歳未満に引き上げるなどの修正がされ、「公益上」の必要による強制断種を規定した第六条の施行延期を厚生大臣が約束して、なんとか会期内に可決・成立したのである。

国民優生法による断種手術は、一九四一年から同法が廃止される前年の四七年までに、五三八件（男性二一七件、女性三二一件）実施された。そのほとんどが「遺伝性精神病」や「遺伝性精神薄弱」と見なされた人たちだった。

「戦争と優生の時代における精神病者」（永井順子著／『時代がつくる「狂気」』芹沢一也編著、朝日新聞社、二〇〇七年、所収）によると、厚生省の官僚は初年度だけでも七五〇件の断種を見積もっていたという。しかし、結果的に件数が少なかった原因は、任意申請を原則としたことと、太平洋戦争の戦況が日本に不利になり、空襲が激化するなか、断種手術を実施する余裕はなくなっていたことなどが考えられる。現に、一九四四年は一八件、四五年は一件しか実施されなかった。

さらに、当時の精神病院は治療の場ではなく監禁場所であり、患者の待遇は劣悪だった。戦時下の食料難もそれに輪をかけた。精神病院では食糧配給が制限され、多くの患者が栄養失調などで亡くなった。たとえば当時の代表的な精神病院だった東京府立松沢病院の、年間在籍者の死亡者数は一九四四年が四一八人、四五年が四七八人にも上り、死亡率は三一・二パーセント、四〇・九パーセントという驚くべき高さであった。

国家から「人的資源」としての価値はないと見なされ、「悪質な遺伝素質だ」と優生学の視点から切り捨てられ、断種という社会的排除・抹殺の対象とされた精神病者は、戦時体制下、社会から隔離、差別された末に死を強いられていたのが現実であった。

三　ハンセン病患者に対する強制隔離と断種

胸の奥の傷

「断種手術をされたときのことは、心のなかに釘を打ち込まれたようで、頭のなかから消えません。一九五〇年六月一一日のことで、若い看護婦さんに呼ばれて、裸にされて、汚い手術台の上に寝かされました。医師の資格のない看護助手がメスを手にして、私の陰部の皮膚を切開し、輸精管を結紮《けっさつ》、つまり縛りました。麻酔はしたと思いますが、でも、ものすごく痛かったです。体が真っ二つに引き裂かれるようでした。それと、大変な屈辱感です。くやしくて、くやしくて、涙がこぼれました。そのときの気持ちはとても言い表せません。人間としてではなく、まるでイヌやネコのように扱われたんです……」

それは、ハンセン病回復者、平沢保治（八二歳）にとって終生、胸の奥で疼き続ける傷である。

東京都東村山市にある国立ハンセン病療養所、多磨全生園《ぜんしょうえん》に暮らす平沢が、五九年前に二三歳で屈辱的な断種手術、子どもをつくれなくする手術を受けさせられたのは、園内でハンセン病患者どうしが結婚をするための条件としてだった。当時、療養所では断種をしなければ結婚は認められず、断種手術は優生保護法に基づいておこなわれた。

一九九六（平成八）年に「らい予防法」が廃止され、同じ年に優生保護法が母体保護法に改正されるまで、優生保護法の第二条に「この法律で優生手術とは、生殖腺を除去することなしに、生殖を不能にする手術」との規定があった。優生手術とは、すなわち断種手術のことである。

そして優生保護法第三条で、「医師は、左の各号の一に該当する者に対して、本人の同意並びに配偶者があるときはその同意を得て、優生手術を行うことができる」と定められていた。その「第三号」が、「本人又は配偶者が癩《らい》疾患に罹り、且つ子孫にこれが伝染する虞れのあるもの」という規定であった。

同法の第一条には、「この法律は、優生上の見地から不良な子孫の出生を防止するとともに、母性の生命健康を保護することを目的とする」と明記されていた。優生思想に基づく差別的なこの法律によって、ハンセン病患者は「不良な子孫」を生む存在、つまり「不良な存在」と見なされ、断種の対象にされていた。

同法第三条では、そのほかに「遺伝性精神病、遺伝性精神病質、遺伝性精神薄弱、遺伝性身体疾患、遺伝性奇形」などに該当する人も、断種の対象とされていた。

「断種手術について、全生園も、厚労省すなわち国も、『本人の同意によるもので、強制ではなかった』と言います。しかし、断種手術を受けなければ、結婚が認められないわけですから、実質的には強制です。多くのハンセン病患者がやむなく、当時の意識としては掟として受け入れざるを得なかったのです」

厚生省（現厚労省）の統計では、優生保護法に基づく一九四九年から九六年までのハンセン病患者に対する優生手術件数は、全国で男性三〇一件、女性一一七四件、不明七六件、合計一五五一件だ。そのほとんどが六九年までに実施された。

「しかし、私の断種手術は、医師ではなく看護助手がしたのでカルテには記載されていません。だから、厚生省の統計にも数えられていないと思います。私と同じようなケースがもっとあるんじゃないでしょうか」

そして、平沢は憤りをこめて次のように語る。

「優生保護法が制定されたのは一九四八年です。私が断種手術を受けたのが五〇年です。つまり、戦後のことです。基本的人権の尊重を掲げた日本国憲法が制定された後のことなんです。また、優生保護法が制定された一九四八年というのは、世界人権宣言が国連総会で採択された年でもあります。それなのに、ハンセン病患者だった私たちの人権は奪われたままでした」

隔離と断種と優生思想

ハンセン病患者への断種は戦前からおこなわれていた。

「日本で断種が開始されたのは、一九一五年のことである。まったく法的根拠もないままに既成事実として断種は進行した。その対象とされたのはハンセン病患者であった。当時、一九〇七年に制定された法律『癩予防ニ関スル件』のもと、放浪するハンセン病患者は、全国五か所の道府県の連合立療養所に強制的に隔離されていたが、関東・甲信越・東海の府県で設立した東京の全生病院で、患者への断種手術が開始されたのである」(『日本ファシズムと優生思想』六二頁)

全生《ぜんせい》病院とは、一九四一年に国立となって多磨全生園と改称するまでの療養所名だ。断種手術を始めたのは、当時の全生病院院長、光田健輔(一八七六年〜一九六四年)である。光田はハンセン病医学の専門医としての権威を背景に、ハンセン病患者の強制隔離政策を推し進めた中心人物だった。

全生病院院長になる前、東京養育院医官だった光田は、放浪するハンセン病患者を「浮浪癩患者」と呼び、「一国の体面乃至《ないし》一家の恥辱の如き無形的損害のみに止まらず、実に公衆衛生上の有害物にして、国家にして隔離所を起し此等の患者を強制的に収容するにあらずんば、国家は罪悪を行ひつつあるものと云ふべし」と、強制隔離政策を主張している(『「いのち」の近代史』藤野豊著、かもがわ出版、二〇〇一年、四七頁)。

『日本ファシズムと優生思想』によると、光田は「子どもへの感染、出産による母親の病状の進行、養育の困難」などを理由に、ハンセン病患者は子どもを持つべきではないとし、結婚を望む患者に断種を実施した。光田自身の話では、あくまでも志願者のみに実施したとされる。しかし戦後、多磨全生園の入園者の自治会が調査したところによると、一九一五(大正四)年から三八(昭和一三)年までに、全生病院で三四六人が断種手術を受けたが、志願者にのみ実施されたのではなく強制的なものだったという。

他の療養所での実施も合わせると、一九一五年から三六年までの時点で、およそ一〇〇〇人のハンセン病患者が断種手術を受けたといわれる。

ハンセン病患者に対する断種が実施されたのには、もっと別な理由もあった。ハンセン病は感染症であって遺伝病ではないことは、一八七三年のノルウェーの医学者ハンセンによる「らい菌」の発見以降、明らかになっていた。だが、日本のハンセン病医学者や内務省衛生局など衛生行政関係者の間には、「ハンセン病に罹りやすい体質が遺伝する」という誤った認識が根強く広まっていた。従って、ハンセン病を撲滅するためには、患者を療養所に強制隔離したうえで、子孫もつくらせずにおくのがいいと考えられたのである。

それはまた、明治時代末から日本社会に広まってきた優生思想ともつながりを持っていた。その優生思想の見地からは、ハンセン病患者は精神病患者などと同様に「悪質な遺伝素質を持つ者」であり、淘汰されるべき対象だと決めつけられた。ハンセン病療養所での断種は内務省当局も黙認していた。

ハンセン病患者の強制隔離政策は、一九三一（昭和六）年に「癩予防ニ関スル件」が大幅改正され、「癩予防法」と改称・施行されるのを機に強化された。ハンセン病に対する偏見と差別ゆえ家郷にいられず放浪していた患者だけでなく、家でひっそりと療養している患者や軽症で日常生活を送っている患者までも、療養所に強制的に収容された。各地に国立の療養所がつくられ、道府県の連合療養所も国立に移管され、全国で一三カ所の療養所ができた。当時、およそ一万五〇〇〇人と推定されていた患者すべてを終生隔離し、ハンセン病を根絶することが目的とされた。断種は根絶政策の一環であった。

日本が植民地支配をしていた朝鮮と台湾でも、ハンセン病患者の強制隔離政策がとられた。朝鮮では「朝鮮癩予防令」（一九三五年）が、台湾では「癩予防法施行細則」（一九三四年）が公布された。朝鮮総督府が開設し、後に国立となったハンセン病療養所、小鹿島《ソロクト》更生園には、多いときで六〇〇〇人以上の患者が収容された。そこでは断種手術もおこなわれた。しかも夫婦患者の同居の条件としてだけではなく、患者への処罰の手段としても実施された。『朝鮮ハンセン病史――日本植民地下の小鹿島』（滝尾英二著、未來社、二〇〇一年、一八七頁）には、こう書かれている。

「収容されたハンセン病の朝鮮人に対して、職員の命令に従わなかった、反抗的であった、逃亡をくわだてた、反日的であった……といった理由で、療養所（収容所）内にある監禁室へ入れられ、処罰としての『断種』手術が強行された」

もう一歩も外に出られない

一九二七年に茨城県のある城下町に生まれた平沢は、一三歳のときにハンセン病にかかった。町医者に紹介された東大病院の皮膚科特別診察室で診断され、ハンセン病療養所に入るように言われた。母親に連れられて多磨全生園に入園したのは、四一（昭和一六）年一二月二四日で、太平洋戦争が始まった直後だった。そのとき、一四歳になっていた。

全生園に着くと、すぐに「収容病棟」で風呂に入らせられ、その間に持ち物は全部消毒された。そして、入園者専用の「うどん縞」と呼ばれる縦縞柄の着物を着せられた。所持金は取り上げられ、代わりに園内でしか使えない「お金」である「園内通用券」を渡された。専用の着物も「園内通用券」も、患者の逃走を防止するためのものだった。棘のある柊《ひいらぎ》の高い垣根で囲まれた療養所からは、もう一歩も外に出ることはできない。家族からも故郷からも引き離され、社会からも切り離されてしまった。大きな不安に襲われながら、強制隔離の下での集団生活が始まった。年が明けると、少年寮に移った。

「当時、園内の生活はすべて軍隊調でした。職員は私たち患者を呼び捨てにし、私たちのほうからは、医者だけでなく職員に対しても『先生』と呼ぶことになっていました。職員は患者たちの部屋にも長靴をはいたまま入り込んでいました」

療養所では、患者あての封書や小包は開封され検閲された。来訪者との面会は係員の立ち会いのもとでのみ許された。療養所の予算と職員数に限りがあり、維持・運営のためとして入園者にも様々な作業が課せられた。畑仕事、土木・建築作業、養豚、重症者の介護、洗濯、包帯の巻き直し、裁縫、糞尿汲み取りなどで、「患者作業」と呼ばれた。

「私は軽症だったので、竹細工を習って竹かごを作りました。戦争中の食糧難で、自給自足ということが強調されていました。畑を開墾し、防空壕も掘りました」

「患者作業」での体力の消耗と作業中の怪我による雑菌の感染などが原因で症状が悪化し、手足の切断や失明に至ることも少なくなかった。ハンセン病による知覚麻痺のため、怪我をしても痛みがなく、作業を続け、傷が化膿しやすかったのである。ハンセン病の有効な治療法もなかった当時、治療よりも収容が優先されていた。療養所で暮らすほかに生きる術のない患者にとって、「患者作業」は否応なくせざるをえない、事実上の強制労働だった。作業賃として、わずかな「園内通用券」が支払われた。

「しかし、そのような非人間的な待遇に不満を言うことは許されませんでした。当時、療養所の所長は『癩予防法』に基づく『懲戒検束規定』によって、患者が異議を申し立てようものなら、特別病棟や監房と呼ばれた監禁室に入れる権限を持っていました。ひどい場合には、群馬県草津の栗生楽泉《くりゅうらくせん》園《えん》にあった懲罰施設『重監房』に送られました」

生きながらにして命を奪われ

「重監房」には全国から所長の意にそわない患者が見せしめとして送り込まれた。コンクリート壁に囲まれた独房で、平均一三〇日という長期間、過酷な処遇を受けた。「懲戒検束規定」で監禁期間は最長でも六〇日と決まっていたのに無視された。標高一〇〇〇メートル強の高原で厳寒の地でありながら、「重監房」には暖房設備もなく、監禁された患者は衰弱し、凍死者も出た。一九三八年に設置されて四七年に廃止されるまで、九三人が収監され、そのうち二二人が監禁中または監禁を解かれた直後に死亡している。

一九四一年に多磨全生園から「重監房」に送られた山井道太は、「患者作業」での洗濯場の主任だった。洗濯作業にあたる患者らの、「長靴が古くなって破れ、水に浸かった足の傷が悪化する。神経痛にもこたえる。新品に替えてほしい」という要求を園側に伝えたが、容れられず、抗議のサボタージュが起きた。そのため山井は拘束され、「重監房」に収監された。四二日間に及ぶ監禁の後、衰弱した山井は死亡した。

「『重監房』送りは患者にとって死刑宣告に等しいものでした。療養所の職員は『草津に行って、少し頭を冷やしてくるか』と、私たちを脅かして、一切の不平不満を許しませんでした」

強制隔離のもと、ハンセン病患者たちの自由も尊厳も奪われていた。それを平沢は、「私たちは人間扱いされず、生きながらにして命を奪われたも同然だった」と表現する。

戦争中、平沢たち若い患者は療養所で軍事教練を受けさせられ、「天皇陛下の癩患者たれ」と訓示されたという。

「当時は、『生めよ殖やせよ』で、戦争をするために人間を一人でも多く生んで育てることが奨励された時代でした。しかし、ハンセン病患者は兵士になれない、つまり『人的資源』になれない存在、むしろ国の『人的資源』を阻害する存在だと見なされていたわけです。それで、竹かごを作ることについて職員から、『お国の恥のお前たちも、お国のために役立ちなさい』などと言われました。また、『療養所で死んでいくことが、お国のため、天皇陛下のためになるんだ』とも言われました。私も忠君愛国の教育を受けて、軍国少年でしたから、天皇のため、国のためということに、何の疑問も持ちませんでした。今日から見れば、天皇制権力による最大の犠牲者の一人が、ハンセン病を病んだ人間たち一人ひとりだったと言えると思うのですが……」

平沢の語る言葉の一つひとつに、ハンセン病患者たちの歩んできた歴史の血痕がにじんでいるように感じられる。

戦争と隔離が並行した時代

草津の栗生楽泉園に恐るべき「重監房」が設置された一九三八（昭和一三）年という年は、国家総動員法が制定され、厚生省も創設された年である。前年には、日中戦争が始まり、日本軍は中国大陸に侵攻していた。

企画院の調査官だった美濃口時次郎は、著書『人的資源論』で、「病人や廃疾者や白痴や精神病者などすでに肉体的に国防力または労働力として活動し得るだけの能力を備えていない者は勿論其の国社会の人的資源と見做すことは出来ない」と断じている。「人的資源」と見なせない「病人や廃疾者」というなかに、ハンセン病患者も含まれていたことはまちがいなかろう。

また、「癩予防法」が施行されて強制隔離政策が強化された一九三一年は、日本が満州事変を起こして中国侵略に突き進み始めた年だ。前年の三〇年には、浜口雄幸内閣の安達謙蔵内務大臣のもとで、ハンセン病患者隔離強化の方針が立てられていた。

『「いのち」の近代史』によると、一九三〇年に内務省衛生局が「癩の根絶策」として二〇年計画・三〇年計画・五〇年計画の三案を発表した。いずれも、ハンセン病患者をすべて隔離し、療養所内で「絶滅」させるというもので、そのための年月を二〇年、三〇年、五〇年と想定していた。結局、一番短期の二〇年計画が採用され、三六年度から実行に移され、「無癩県運動」などと宣伝された。それは「新に一万人を収容する施設をして、十年後には患者全部を隔離しやうとする案で、全部隔離完了後は、十年を以て略《ほぼ》患者がなくなる」（『癩の根絶案』内務省衛生局編、一九三〇年）というものだった。

「なぜ、隔離完了後一〇年で『略患者がなくなる』と言えるのか、それは、内務省衛生局が、ハンセン病患者の寿命を、療養所に入所後一〇年と想定していたからである。当時、ハンセン病に対する特効薬がないとはいえ、内務省衛生局は、患者の病苦を少しでも軽くし、より長く人生を保障しようとは考えなかった。隔離後一〇年以内に患者は死亡するということを前提に、この計画はつくられたのである」（『「いのち」の近代史』一二六頁）

内務省は、隔離完了後に「患者がなくなる」ようにする、つまり「絶滅」させるためにも、ハンセン病患者に子孫をつくらせない断種が必要だと考えていたはずである。だからこそ、療養所での断種手術も黙認していたのである。

「癩の根絶策」が立てられた一九三〇年、企画院の前身で、国家総動員体制づくりの中心機関だった資源局により、「人的資源」と「物的資源」を通し番号付きで細かく分類した「資源分類表」が作成されている。

一九三〇年代、「人的資源」を統制運用する国家総動員体制構築のための計画と法律が着々と整備された。また、「人的資源」を質量ともに「培養強化」するため、人口の増加と健康増進と体力強化と「民族優生」の政策が推進され、厚生省も創設された。一方で、ハンセン病患者に対する強制隔離と断種を通じた「絶滅」政策も強化された。

つまり、大日本帝国という国家は侵略戦争の政策を進めながら、「人的資源」として国家に「有用な人間」と、ハンセン病患者のように「人的資源」になれない「無用な人間」とをふるい分けていたのである。

四　優生思想と人口政策

戦後、優生政策は強化された

一九四五（昭和二〇）年八月の敗戦後、四七年に基本的人権を保障する日本国憲法が制定され、「個人としての尊重」「法の下の平等」などが定められたにもかかわらず、断種（優生手術、不妊手術）を認める国民優生法（四〇年制定）は存続した。

一九四八年に同法の廃止とともに優生保護法が制定されるが、断種はそのまま認められたうえに、ハンセン病患者もその対象に加えられた。ハンセン病は感染症であり、遺伝性疾患ではない。しかし、優生保護法第一条「この法律は、優生上の見地から不良な子孫の出生を防止するとともに、母性の生命健康を保護することを目的とする」のなかにある、「不良な子孫」を生む者と決めつけられ、断種の対象とされたのである。

優生保護法で「優生上の見地から不良な子孫の出生を防止する」ことを目的に、医師による優生手術すなわち断種の対象にされたのは、次の三つのケースに当てはまると見なされた人たちだった。

「本人若しくは配偶者が遺伝性精神病質、遺伝性身体疾患若しくは遺伝性奇形を有し、又は配偶者が精神病若しくは精神薄弱を有しているもの」

「本人又は配偶者の四親等以内の血族関係にある者が、遺伝性精神病、遺伝性精神薄弱、遺伝性精神病質、遺伝性身体疾患又は遺伝性奇形を有しているもの」

「本人又は配偶者が、癩疾患に罹り、且つ子孫にこれが伝染する虞《おそ》れのあるもの」

国民優生法では断種の対象を遺伝性疾患に限定していた。そのため、ハンセン病患者に対する断種は法的根拠がないまま、強制・終生隔離下のハンセン病療養所で、政府黙認のもとおこなわれていた。従って、優生保護法で新たにハンセン病患者への断種が規定されたのは、戦後、優生思想に基づく優生政策が強化されたことを表している。

強制断種の規定

優生保護法は、断種（優生手術）には本人の同意が必要で、配偶者がいればその同意も必要だと定めていた。しかし、そうした同意がなくても断種を実施できる規定もあった。同法第四条（審査を要件とする優生手術の申請）には、こう明記されていた。

「医師は、診断の結果、別表に掲げる疾患に罹っていることを確認した場合において、その者に対し、その疾患の遺伝を防止するため優生手術を行うことが公益上必要であると認めるときは、都道府県優生保護審査会に優生手術を行うことの適否に関する審査を申請しなければならない」

「別表に掲げる疾患」とは、「遺伝性精神病、遺伝性精神薄弱、顕著な遺伝性精神病質、顕著な遺伝性身体疾患、強度な遺伝性奇形」を指す。都道府県優生保護審査会は、医師、民生委員、裁判官、検察官、関係行政庁の官吏、学識経験者からなり、審査会の委員は都道府県知事が任命した。「審査を要件とする優生手術の申請」には、本人の同意や配偶者の同意も不要だった。つまり、強制による断種のための規定なのである。

また同法第一二条でも、医師は「遺伝性のもの以外の精神病又は精神薄弱に罹っている者」について、本人の同意がなくても、「後見人、配偶者、親権を行う者または扶養義務者」、「市町村長」など精神衛生法（後に精神保健法）法に規定された「保護義務者」の同意があれば、「都道府県優生保護審査会に優生手術を行うことの適否に関する審査を申請」できると定めていた。これも本人の同意が要らない強制による断種のための規定であった。

優生保護法の条文そのものに、「強制」という言葉は含まれていない。しかし、厚生省（現厚労省）公衆衛生局が一九五一年に発行した『優生保護法関係法規集』に収録された「優生保護法逐条通牒」には、「強制優生手術」という言葉がはっきりと記されている。それは、優生保護法の細かい運用について、四九年一〇月二四日に当時の厚生省公衆衛生局長から各都道府県知事宛てに出された通達の一節である。

「優生保護法は、優生手術を行うことの出来る場合を二種類に分け、一方においては、手術を受ける者並びにその配偶者の同意を要する任意の優生手術の実施を認め（第三条）、他方においては、何等この種の同意を要件としない強制優生手術の実施を認めているが（第四条）、後者の場合には、手術を受ける本人の同意を要件としていないことから見れば、当然に本人の意志に反して、手術を行うことができるものと解しなければならない。従って本人が手術を受けることを拒否した場合においても手術を強行することができるものである」（『編集復刻版　性と生殖の人権問題資料集成』第26巻、不二出版、二〇〇二年、一一四頁）

そして、「強制優生手術」をおこなう際の「強制の方法」について、次のように説明している。

「強制の方法は、手術に当って必要な最少限度のものでなければならないので、なるべく有形力の行使は慎まなければならないが、それぞれの具体的な場合に応じては、真にやむを得ない限度において身体の拘束、麻酔薬施用又は欺罔等の手段を用いることも許される場合があると解して差支えない」（前掲書、一一四頁）

つまり、場合によっては力ずくで身体の自由を奪う、麻酔薬を用いて眠らせる、何か他の手術だと嘘をついて欺くなどして、断種手術をしてもいいというのである。

優生思想による正当化

しかも厚生省は「強制優生手術」を正当化するために、こう主張している。

「以上の解釈で基本的人権の制限を伴うものであることはいうまでもないが、そもそも優生保護法自体に『優生上の見地から不良な子孫の出生を防止する』という公益上の目的が掲げられている上に、強制優生手術を行うには、医師により『公益上必要であると』認められることを前提とするものであるから、決して憲法の精神に背くものではない」(前掲書、一一四頁)

この厚生省の見解は法務省からも支持されていた。一九五二年に出版された本で、当時の法務省刑事局参事官が著した『詳解　改正優生保護法』(高橋勝好著、中外醫學社)には、次のように書かれている。

「強制による優生手術の施行は、人権に対する著しい侵害ではあるが、劣悪な素質を有する子孫、いい換えれば今後の社会にとって、重大な負担しかもたらさないことが明確である子孫が生まれてくるのを、拱手して傍観することは、公の秩序善良の風俗を保持する上からいっても好ましくないし、それは公共の福祉に対する重大な侵害行為でもある。従って社会は自衛上必要の最少限度においてこれを排除する権限ありといわざるを得ないわけである。これ強制による優生手術の制度が是認される所以である」(三六〜三七頁)

法務省刑事局参事官が公にしたこの見解は、すなわち政府の見解だったと見ていいだろう。つまり、政府は「強制優生手術」(強制断種)が人権侵害にあたると認識しながらも、「公益上の必要、公共の福祉」の名のもとに、それを正当化していたのである。

その正当化論の根幹にあるのは、特定の人たちを「劣悪な遺伝素質を持つ者」と見なして差別・排除する優生思想である。言い方を変えれば、差別的な優生思想が「公共の福祉」という仮面をかぶって、人権侵害を正当化する歪んだ構造が、優生保護法のかたちをとってつくりあげられていたのである。

そんな法律が、一九九六年に優生思想に基づく規定を除いた母体保護法に改正されるまで効力を持っていた。厚生省の統計によると、一九四九年から九四年までの間に、本人の同意がない「強制優生手術」件数は、以下のとおりだ。第四条の規定によるものが、男性四八五六、女性九七五五。第一二条の規定によるものが、男性三〇八、女性一六〇一。合わせて一万六五二〇人が強制断種されている。また、一九四九年から九四年までの間に、「優生上の見地から不良な子孫の出生を防止する」のが目的で、本人と配偶者の同意を得た優生手術の件数は、厚生省の統計で判明しているのが七四〇〇件である。いずれもその大半が、一九五〇年代と六〇年代に実施されている。

なお、優生保護法では「母性の生命健康を保護する」ことを目的とする優生手術の対象として、「妊娠又は分娩が、母体の生命に危険を及ぼす虞れのあるもの」と「現に数人の子を有し、且つ、分娩ごとに、母体の健康度を著しく低下する虞れのあるもの」に当てはまるケースを挙げている。この場合、本人と配偶者の同意を必要とした。

厚生省の統計によると、一九四八年から九六年までの間に、「母性の生命健康の保護」が目的の優生手術、「優生上の見地から不良な子孫の出生を防止する」のが目的で本人と配偶者の同意を得た優生手術、そして「強制優生手術」を合わせたすべての優生手術件数は、約八四万五〇〇〇件に上る。

人口政策と厚生省

かつて国民優生法も第六条で、本人の同意がなくても、「公益上特に必要あり」と認められる場合は、精神病院長や保健所長や官立の病院長などが地方優生審査会に申請して、優生手術を実施できると定めていた。強制断種の規定である。しかし、帝国議会での法案審議で反対意見が相次いだため、この第六条の施行延期を厚生大臣が約束して、法案は可決されたのだった。だから、国民優生法に基づく強制断種はおこなわれていない。

ところが戦後、「強制優生手術」の規定が盛り込まれた優生保護法に基づいて、おびただしい数の強制断種がおこなわれた。ハンセン病患者に対する優生手術も、形式的には本人の同意が必要とされたが、療養所では優生手術を受けなければ結婚が認められなかったため、事実上は強制断種であった。

このように優生保護法による強制断種が実施された点からしても、優生政策は戦後の日本でより強化された。では、なぜそうなったのか。「日本――戦後の優生保護法という名の断種法」（松原洋子著）に、その経緯と時代背景が次のようにまとめられている。

敗戦直後、日本は領土が縮小し、経済も壊滅状態だった。食糧難と住宅難、海外からの引き揚げと復員、ベビーブームは過剰人口問題を急浮上させた。敗戦と占領に伴う強姦の問題も深刻で、妊娠中絶の規制緩和を求める声が高まった。産児調節運動家（産児制限運動家）や産婦人科医たちからは、中絶を合法化する具体的提案が出されていった。

優生思想を併せ持つ産児調節運動家や産婦人科医たちの提案は後に、優生保護法において、「妊娠の継続又は分娩が身体的又は経済的理由により母体の健康を著しく害するおそれのあるもの」、「暴行若しくは脅迫によって、又は抵抗若しくは拒絶することができない間に姦淫されて妊娠したもの」を対象とした人工妊娠中絶を認める規定に結びついた。それとともに、優生政策・優生規定の強化にもつながった。厚生省の人口政策も優生保護法制定と優生政策・優生規定の強化に大きな影響力を及ぼした。

「GHQ（連合国軍総司令部）は、占領政策遂行の基盤となる衛生行政を効率的に実施するために、厚生省を活用することを決め、戦中の厚生省の組織と人材を基本的に温存した。その結果、戦時中に『人口政策確立要綱』の推進役として人的資源の確保強化に邁進してきた厚生省が、戦後も引き続き人口政策を担当することになった。

厚生省は一九四六年一月に学識経験者を集めて『人口問題懇談会』を開催した。ここでは産児調節の採用問題とともに、『人口資質向上は不変の人口政策であり、戦後には国民資質の低下が起こるのが通例であり、かつ人口の量的増加が歓迎せられないから、人口の先天的並びに後天的資質の向上に関する具体的方策を検討すること』が課題の一つに挙げられた」（『優生学と人間社会』一八七～一八八頁）

同懇談会での課題を継続的に審議するために、財団法人「人口問題研究会人口政策委員会」が設置された。『厚生省二十年史』（厚生省二十年史編集委員会編、厚生問題研究会、一九六〇年）によると、人口問題に詳しい学識経験者、医師、国会議員、官僚など五六名に委員を委嘱した。委員長には経済学博士の永井亨がなった。同委員会は一九四六年一一月、「新人口政策基本方針に関する建議」を議決し、内閣総理大臣と関係各大臣に建議した。「建議」は「産業の人口収容力」「出生調節」「死亡率低減」「優生政策」に関する四つの事項からなり、全体の趣旨は前文に書かれている。それは概ね次のとおりだ。

敗戦で日本の経済的基盤が大量喪失し、生産能力は大幅に縮小した。人口と人口収容力の均衡が壊れ、過剰人口が問題になっている。その均衡を回復するためには、経済再建による人口収容力の拡大強化と人口調整が必要である。また、人口政策の不変的目標として国民の死亡率の低減と体位の向上も図るべきだ。と同時に、優生学の真の目的たる国民の遺伝的優良質の保護拡大のために、遺伝的悪質を防遏《ぼうあつ》しなければならない。それによってのみ、出生調整に伴いやすい逆淘汰は防止される。

「逆淘汰」とは優生思想に特有の差別的な考え方である。

「産児調節を自主的に採用するのは主として知的で優れた階層であり、彼らが子供を産み控えるのに対して、知性に欠ける劣った階層は多産傾向があるとされ、その結果として『逆淘汰』が生じ、人口の平均的資質が低下するというのである」(「中絶規制緩和と優生政策強化」松原洋子著/『思想』第八八六号、岩波書店、一九九八年、一二二頁)

戦前・戦中・戦後を貫くもの

「建議」の「優生政策に関する事項」では、次のような提唱がなされている。

「国民の素質を改善する必要はいかなる時代においても変わるものではない。況んや文化国家建設を目途としてゐる我が国において又出生調節普及過程における逆淘汰現象に直面してゐる現在、優生政策は益々その重要性を加へたものといふべきである。然して現在直ちに採るべき方策としては次にあげる如きものがある」（『編集復刻版　性と生殖の人権問題資料集成』第25巻、一二九頁）

そして第一に挙げられたのが、「強制断種規定の実施」であった。

「国民優生法実施以来優生手術の実績のあがらないのは、本人又はその家族の任意申請のみに任せてあるからである。国民優生法第六条には遺伝病者の疾患が著しく悪質なる時や、夫婦の双方が同一の遺伝病に罹患してゐる時等で、その疾患の遺伝を防遏することが公益上特に必要であると認められる時は、法規に定められたる医師は本人又はその家族の同意がなくも断種の申請をすることができると規定してあるが、この規定は未だ実施されてゐない。国民優生法の実効を収めるためにはこの規定を発動すべきである」（前掲書、一二九頁）

「強制断種規定の実施」の提言は後に、優生保護法の「強制優生手術」の規定につながった。「日本――戦後の優生保護法という名の断種法」（松原洋子著）によると、戦時中は人口増加と「逆淘汰」防止のため、政府は避妊の普及や中絶を厳しく取り締まったが、戦後はＧＨＱの民主化政策のもと、政府側も中絶など産児調節を個人の自由として認めることになった。そのため、「逆淘汰」をもたらすおそれがある産児調節の普及を許すからには、優生政策を強化するしかないと、多くの人口政策関係者は考えたのだった。

過剰人口問題に対処するための人口調整・産児調節に伴う「逆淘汰」を防止するには、優生政策の強化が必要だという考えは、人口政策関係者の間で広く共有されていた。財団法人「人口問題研究会」は厚生省による「人口問題懇談会」の意見に基づいて再建された団体である。元々は戦前の一九三三（昭和八）年に、当時、人口問題を担当していた内務省の発起で官民の人口政策関係者が集い、人口政策に関する諮問機関として設立された。後に国庫の補助を受けて財団法人となった。

一九三八年一月に内務省から派生するかたちで厚生省が発足すると、厚生省が人口政策を担当するようになり、「人口問題研究会」も同省の管轄となった。同研究会は貴族院議員、厚生省の官僚、経済学者、医学者、法学者などで構成されていた。

「人口問題研究会」は一九三八年一〇月、時の近衛文麿政権の諮問を受けて、第二回「人口問題全国協議会」を開催した。日中戦争が始まって二年目、政府は国家総力戦のために「人的資源」の「培養強化」を目指し、そのための人口政策を諮問したのである。それに対して、「国民の資質と人口増殖力の維持向上」などの答申がなされた。

当時、「人口問題研究会」の理事だった経済学博士の永井亨は、戦後再建された同研究会でも理事を務めた。「新人口政策基本方針に関する建議」を出した、同研究会の「人口政策委員会」の委員長にもなった。戦前の「人口問題研究会」研究員で、後に厚生省人口問題研究所総務部長になる舘稔《たち》も、「人口政策委員会」の幹事だった。戦前・戦中の人口政策で重要な役割を果たした専門家が、戦後もまた同じような役割を果たすのである。

「中絶規制緩和と優生政策強化」（松原洋子著）によると、「人口政策委員会」の委員には、戦時期の厚生省優生政策のブレーンであった医学者の永井潜や吉益脩夫や古屋芳雄も含まれていた。戦後に優生政策強化を目指して国民優生法改正に取り組んだ久慈直太郎ら産婦人科医たちも、同じく産児調節運動家の加藤シヅエも「人口政策委員会」の委員に名を連ねていた。また、衆議院議員（社会党）で産児調節運動家の加藤シヅエや太田典礼らとともに、超党派による優生保護法案提案の中心となった、産婦人科医で参議院議員（民主党）の谷口弥三郎は、戦時中に厚生省の優生的多産奨励策に積極的に関わった人物であった。

このように、戦前・戦中・戦後を貫いて、日本の優生政策・人口政策の専門家たちの動きが、特定の人たちに断種を強いる差別政策と人権侵害を生み出してきた。その根底には、戦前・戦中は国家総力戦や「高度国防国家」建設、戦後は経済復興や「文化国家」建設の名のもと、人口の「量」だけではなく「質」の「優秀さ」と「強健さ」を求める「人的資源」の発想と、優生思想が軌を一にした歴史が横たわっている。

終章　自衛隊イラク・インド洋派遣と秘密の「戦地出張」

イラク派遣自衛隊機の現地整備

現代の新たな「資源分類表」を思わせる事態が、近年、人知れず進行している。

ここにA4サイズで二枚の行政文書がある。「現地整備等管理要員届」と「現地整備等技術員等届」と記されている。日付は平成一七（二〇〇五）年二月二二日で、某企業から航空自衛隊第2補給処長あてに提出されたものだ。同補給処は岐阜県各務原市にある航空自衛隊岐阜基地に置かれ、各種装備の調達・保管・整備などを担当している。

某企業と書いたのは、会社名と代表者名が黒塗りにされ消されているからだ。自衛隊側の書式にそって、「現地整備等管理要員届」の届け出表には、№1から3まで管理要員の「氏名、年齢、地位・職務内容、連絡手段等、海外配置の可否」が各欄に記入されている。

しかし、要員番号と海外配置の可否（一名が可、二名が否）以外は、すべて黒く塗りつぶされている。「現地整備等技術員等届」のほうも、1から3までの技術員等番号を除いて、「氏名、年齢、地位及び職務内容、技術員等の区分、資格・免許・特技等、技術員等としての経験（年数）」の記入内容すべてが黒塗りだ。

この二枚の行政文書は、イラク特措法に基づきイラクに派遣された航空自衛隊C―130H輸送機の現地整備の役務を企業が請け負い、技術者をクウェートに派遣した事実を示す、契約書や仕様書や就業状況報告書など関連文書の一部である。私が防衛省に情報公開法に基づく情報公開請求をして開示された。防衛省は企業名などを黒塗りにして不開示とした理由を、「行政文書開示決定通知書」においてこう説明している。

「契約相手方等の企業及び企業の社員に関する情報については、これを公にした場合、イラク特措法に基づく航空自衛隊のイラクへの派遣に反対する者等により、当該企業又は社員個人を標的にしたテロなど違法な妨害活動が行われ、公共の安全と秩序の維持に支障を及ぼすおそれがあり、(情報公開)法第5条第4号に該当する」ため。

防衛省・自衛隊は、輸送機の現地整備がテロの標的になる危険性を認めており、その前提に立って企業と契約しているのである。企業から現地に出張で派遣される社員にとって、それは場合によっては生命の危険も伴う業務ということになる。

航空自衛隊第2補給処と某企業との「役務請負」契約は、二〇〇四年一月二六日に結ばれている。航空自衛隊の「イラク復興支援派遣輸送航空隊」本隊が日本を発ったのが、同年一月二二日だから、契約はその直後である。契約金額は三一三七万九二五〇円。納期(役務履行期限)は同年一月二六日～三月三一日で、年度が変わった同年四月一日に納期を一二月まで延長する契約が再び交わされ、その後、年度末まで延ばす変更契約書が作成されている。現地整備の実施に応じて金額を確定し、契約金額のなかから作業代や経費など必要額が実際に支払われる。

契約は、複数企業が入札で競争して受注する方式ではなく、自衛隊側が適当だと判断した企業に発注する随意契約だ。C―130H輸送機の整備・修理を日頃から国内で請け負っている企業は限られ、国外での現地整備もその企業に任せるのが適当だとの判断からだろう。国内では、C―130H輸送機の機体整備は川崎重工業が、エンジン整備はIHI（旧石川島播磨重工業）が請け負ってきた。イラク派遣に伴う現地整備について両企業に問い合わせたところ、どちらの広報課からも、「防衛省・自衛隊との契約に関しては守秘義務があり、当社はお答えする立場にないので、C―130H輸送機の現地整備の契約を結んだかどうか、否定も肯定もできない」という答えが返ってきた。

密かにクウェートまで技術者を派遣

防衛省から開示された一連の文書のなかに、「現地整備等指示書」（平成一七年三月一一日付け）がある。航空自衛隊第2補給処長から某企業への指示で、「整備作業役務実施場所、アリ・アル・サレム空軍基地」、「派遣人員及び期間、管理要員一名（平成一七年三月一四日〜一八日）、整備員三名（平成一七年三月一六日）」とある。「現地整備等役務指示細部要求事項」という別紙が付いており、エンジン部品の損傷の点検、損傷や異常があった場合の部品交換などを、専門用語を用いて詳しく説明している。

アリ・アル・サレム空軍基地はクウェートの基地で、イラク戦争・占領をおこなってきた米軍が拠点として使用している。航空自衛隊は同基地を拠点に、C—130H輸送機三機が、イラクの首都バグダッド、イラク南部のタリル、北部のアルビルにある飛行場へ、武装した多国籍軍の兵員（主に米軍）と物資、国連機関の人員、人道復興支援物資、陸上自衛隊の人員と補給物資などを空輸した。

二〇〇四年三月三日の空輸開始から〇八年一二月一二日の任務終了・撤収まで、輸送回数（輸送日数）が八二一回、輸送人員が四万六二六三人、輸送物資重量が計約六七三トンである。防衛省・自衛隊は空輸活動の詳細を秘匿してきた。しかし〇九年に、輸送人員の約六三％にあたる二万三七〇三人が武装した米兵など米軍関係者だったことが明らかになった。

このように戦場と隣り合わせのクウェートの空軍基地内にまで、日本から民間企業の社員が派遣されていたのである。テロの標的にもなりうるという危険を伴いながら。しかも、防衛省・自衛隊も企業も、技術者派遣の事実を公表していない。私が情報公開請求をして、初めて明らかになった。事は秘密裏に運ばれていると言ってもいい。

そして、「現地整備等就業状況報告書」が作成されている。現地整備の後、某企業から航空自衛隊第2補給処長に提出されたもので、日付は平成一七年三月二二日である。それによると、現地整備の役務を実施したのは同年三月一六日、午前九時から午後六時三〇分まで。場所はアリ・アル・サレム空軍基地である。管理要員一名と技術員三名が作業をした。企業名と管理要員・技術員の氏名は黒塗りにされている。

一連の開示文書によると、自衛隊のイラク派遣に伴う企業の技術者派遣はこれだけではない。二〇〇四年一二月と〇五年四月には、航空自衛隊航空中央業務隊と某企業が、「航空自衛隊市ヶ谷基地とイラク復興支援派遣輸送航空隊間に整備中の海外派遣部隊用通信機能の移設に関する支援」に関して契約を結んでいる。

それぞれの「移設支援実施期間」は二〇〇五年一月一八日〜三月三一日と同年四月一八日〜五月一三日で、場所は航空自衛隊市ヶ谷基地とクウェートのアリ・アル・サレム空軍基地である。企業側は「多重通信装置とネットワーク機器、電話機」など通信機能移設の技術支援をおこなった。クウェートへの派遣人員は三人と七人である。

二〇〇七年七月にも航空自衛隊航空中央業務隊と某企業が、「海外派遣部隊用通信機能の賃貸借契約」を結んでいる。賃貸借の対象は、航空自衛隊市ヶ谷基地とクウェートのアリ・アル・サレム空軍基地とイラクのバグダッドにあるヴィクトリー基地と某国某所（黒塗り不開示）の間を結ぶ衛星送受信装置（パラボラアンテナ等）で、その設置教育のために企業の技術者四人がクウェートに派遣された。希望納期は七月三一日とある。ヴィクトリー基地に関しては、そこにいる自衛隊員に、アリ・アル・サレム空軍基地から何らかの通信手段を用いて説明したようだ。

賃貸借契約書には、企業から航空自衛隊に、「通信機能の管理に従事する者について、関係者名簿を契約後速やかに作成し、提出する」よう定めた契約条項も記されている。常に派遣要員リストを把握しておくためである。

事実上の民間人動員

イラクのサマワに派遣された陸上自衛隊の装備に関しても、企業の技術者が派遣された。二〇〇四年九月二二日~二九日、イラク派遣部隊の「(空中)監視装置」の故障修理に、某企業から二名がクウェートに出張し、陸上自衛隊の業務支援隊の拠点で連日作業をした。

二〇〇四年一一月二二日~二九日には、イラク派遣部隊の通信電子器材の技術援助(総合試験)のため、某企業から三名がクウェートに派遣された。

テロ対策の特殊な装備の調整や整備のための派遣もある。

二〇〇五年一一月一一日~二八日と〇六年三月四日~一九日、イラク派遣部隊の軽装甲機動車や96式装輪装甲車の車両搭載対策器材本体の据付け・調整のため、某企業から二名がクウェートに派遣された。車両搭載対策器材とは、IED(即製爆発装置)いわゆる路肩爆弾を無線電波によって無力化するための精密電子機器だ。それは「ボム・ジャマー」と呼ばれる。

さらに、二〇〇五年六月一日~一五日、八月一三日~九月六日、一〇月三一日~一一月一一日、〇六年二月二日~一八日、五月一一日~二六日の計五回、イラク派遣部隊のコンテナスキャナ(コンテナや車輌などの内部をX線で透視して検査・監視する精密機器で、武器や爆薬などの発見に役立つ)の定期巡回整備のため、某企業から技術者がクウェートに派遣された。人数は各回二名である。

これらの作業はクウェートにある「キャンプ・バージニア」など米軍基地のなかでおこなわれた。イラク派遣自衛隊がそこを中継拠点にしていたからだ。

このように、イラク派遣の自衛隊の装備を各企業は修理だけではなく、移設、設置教育、据付け、定期巡回整備など幅広い技術支援をしてきた。そのなかにはテロ対策の特殊な装備である精密機器も含まれ、自衛隊が事実上の戦闘地域に派遣されていたことを如実に現している。

海外に派遣された自衛隊の活動は、企業のサポートなしには成り立たない。これまで判明しただけでも、イラク関連の技術者派遣は計一四回、延べ三九人である。

テロ対策特措法（後に補給支援特措法）に基づきインド洋に赴いた海上自衛隊の補給艦や護衛艦の装備修理にも、企業から技術者が派遣されてきた。二〇〇二年七月九日～一〇日、護衛艦「あさかぜ」の対空レーダーの回転駆動モーターを某企業の技術者四名が修理したのを皮切りに、〇九年八月までに計二五回、延べ七七人が派遣された。

修理を実施した場所は、インド洋・アラビア海・ペルシャ湾沿岸国のどこかの港、軍港と思われる。しかし、防衛省は修理をした艦船名は公表しているが、修理を実施した場所は秘匿している。その理由は、「これを公にした場合、テロ対策特別措置法に基づく自衛隊艦船の行動が推察され、海上自衛隊の任務の効果的な遂行に支障を及ぼすおそれがある」からだという。企業名を公表しない理由も、「当該企業を標的にしたテロなど違法な妨害活動が行われ、公共の安全と秩序の維持に支障を及ぼすおそれがある」からだと説明する。

仮に現地で事故が起きたり、テロなどの事件に巻き込まれた場合の対応や補償に関しては、「企業が契約しておこなっていることであり、事故や事件に関しては一般的に企業内の労使関係で処理すべき問題」だという見解を示している。つまり、防衛省・自衛隊が責任をとったり、補償したりすることは考えていないというわけだ。それはイラク関連の技術者派遣についても同様である。

しかし、確実な利益が得られる自衛隊装備の生産・修理・整備などを受注する防衛産業（軍需産業）の企業にとって、一大顧客である自衛隊からの契約要請を断れるわけがない。契約を通じてであれ、政府が民間に協力をさせる、事実上の民間人動員といえる。

しかも、イラクに派遣された航空自衛隊は、戦闘に従事する武装した米兵を多数運んでいた。インド洋で海上自衛隊が洋上給油した米軍艦のなかには、アフガニスタン空爆やイラク戦争に参加した艦船も含まれている。輸送や補給は軍事用語では兵站《へいたん》といい、戦闘を支援する活動そのものであり、戦争協力にあたる。

そんなイラク・インド洋派遣自衛隊を支えるために、民間企業の社員がクウェートにある軍事基地などに送り込まれていた。その事実は日本の民間人が米国への戦争協力態勢にいかに深く組み込まれていたかを示している。

海外で戦時の米軍支援をおこなう自衛隊への、企業によるサポート態勢が着々とできあがっている。それらの企業で働く労働者は仕事を通じて、企業内の業務命令を通じて、戦争協力の一環に組み込まれている。事実上の動員体制が密かに築かれつつある。

軍事優先と新たな「資源分類表」

防衛省・自衛隊は特定の企業に対して、実は修理・整備などの契約を結ぶ前から派遣要員リストの提出を要請していた。関係者から入手した石川島播磨重工業（現ＩＨＩ）の内部文書によると、二〇〇一年一〇月二九日のテロ対策特措法成立後、一一月一二日に防衛庁（現防衛省）海上幕僚監部装備部長から、インド洋に派遣される自衛隊艦船の故障に迅速に対応できるよう準備を依頼する文書が、防衛産業の各企業あてに出された。

一一月一五日、海上自衛隊の横須賀造修補給所艦船部長から、派遣準備の要請があった。その要請文書には、「米国において発生した同時多発テロに関連し、この度、我が海上自衛隊の艦艇も長駆インド洋まで進出し、国際貢献を果たす機会を与えられました」と書かれ、「修理態勢の確立、緊急時における連絡網整備（年末年始時も含む）、技師の派遣準備、パスポートの取得等」という項目が並んでいる。

そして一一月二九日、横須賀造修補給所で企業向けの「海外派遣に対する臨時修理態勢の確立の依頼」説明会が開かれ、約二〇社が参加した。海上自衛隊側から、「関係者名簿の提出、入港場所・日時等は秘密扱い、派遣時の工具・交換部品などの輸送は官側で支援」など具体的な指示がなされた。

企業側もこれに応じて、たとえば石川島播磨重工業（以下、石播）の場合わかっているだけでも、ヘリコプター着艦拘束装置と高性能二〇ミリ機関砲の修理態勢表（電話連絡網）、派遣要員一九人の名簿とパスポート番号一覧を提出した。他の企業も同じような対応をしたと考えられる。こうした提出があったことは政府も認めている。

当時、石播の航空宇宙事業本部に勤めていた渡辺鋼《こう》（六六歳）は、派遣要員に選ばれたある技術者から、そっと不安を打ち明けられたという。

「彼は、『出張に行けと言われたら断れないだろう。行くとなったら「軍事機密」だから同僚にも言えない。しかし、万一戦闘やテロに巻き込まれて負傷した場合の対応や補償はどうなるのか』と心配していました。そして、『会社からは何の説明もなく、水面下で話が進められているのがとても不安だ。私たちの安全をあまりにも軽く考えている。職場は箝口令《かんこうれい》がしかれたような雰囲気だ』と、表情を曇らせました」

その技術者が渡辺に悩みを語ったのは、労使協調路線の労働組合は頼りにならず、渡辺らの「人権回復を求める石播原告団」なら話を聞いてくれると思ったからだ。同原告団（八名）は、会社による賃金差別や不当解雇などに反対し、少数派ながら自主的な労働運動を続けてきた。

「防衛産業といわれる企業では、この『戦地出張』ともいうべき危険な業務に対して疑問の声も上げられない、もの言えぬ職場ばかりです。中東にまで何度も技術者が派遣されたのに、企業は秘密主義を貫き、事実を知っているのは限られた関係者だけです。外部に情報を漏らさぬようにと指示が出され、社内でもタブー視されています。石播からもインド洋派遣の護衛艦修理に技術者が派遣されましたが、その事実を会社は認めていません」

「このように軍事優先の論理が力を持ち、事実上の動員体制が密かに築かれ、もの言えぬ職場が社会全体に広がっていったら、日本は再び自由にものが言えない国、戦争のできる国になってしまうでしょう。自衛隊はイラクから撤収しましたが、もしもアフガニスタンに輸送ヘリコプターを派遣するようなことになれば、まさに戦場の基地にまで企業の技術者が現地整備に赴くことになり、危険も増します」と、渡辺は懸念し、防衛省や企業に対して「戦地出張」反対を訴えている。

一連の「現地整備等技術員等届」や「派遣要員名簿」などに、かつての国家総動員体制下の「資源分類表」が重なって見える。国家と企業が結びつき、再び人間を戦争のための「人的資源」にする時代が来ないとも限らない、危うい現実がそこにある。

主要参考文献

『自衛官の人権を求めて』海上自衛艦「さわぎり」の「人権侵害裁判」を支える会編、二〇〇九年
『自衛隊員が死んでいく』三宅勝久、花伝社、二〇〇八年
『国家総動員史』上・下巻、石川準吉、国家総動員史刊行会、一九八三・八四年
『国家総動員史』資料篇第一～第九、石川準吉、国家総動員史刊行会、一九七五年～八〇年
『日本資源政策』松井春生、千倉書房、一九三八年
『人的資源論』美濃口時次郎、八元社、一九四一年
『戦時社会政策論』大河内一男、日本評論社、一九四〇年
『昭和史の天皇』16　読売新聞社編、読売新聞社、一九七一年
「戦時期日本における『人的資源』政策」伊藤彰浩／『大学論集』第一八集、広島大学大学教育研究センター、一九八九年
『総力戦体制研究』纐纈厚、三一書房、一九八一年
「国家総動員研究序説」山口利昭／『国家学会雑誌』第九二巻第三・四号、一九七九年
『国民総動員の時代』北河賢三、岩波ブックレット、一九八九年
『陸軍軍需動員1　計画篇』防衛庁防衛研修所戦史室編著、朝雲新聞社、一九六七年
『秘録　永田鉄山』永田鉄山刊行会編、芙蓉書房、一九七二年
『永田鉄山論』松下芳男、小冊子書林、一九三五年
『慟哭の海』浅井栄資、日本海事広報協会、一九八五年

「北村徳太郎の研究」西住徹、神戸大学博士学位論文、二〇〇五年
『戦時経済と労務統制』内藤寛一、産業経済学会、一九四一年
『人間・労働・組織』エライ・ギンズバーグ著、関口末夫・内田茂男訳、佑学社、一九七七年
『人的資源管理論』島弘編著、ミネルヴァ書房、二〇〇〇年
『新版　アメリカ人事管理・人的資源管理史』岡田行正、同文館出版、二〇〇八年
『雇用改革の時代』八代尚宏、中公新書、一九九九年
『雇用破壊』鹿嶋敬、岩波書店、二〇〇五年
『働きすぎの時代』森岡孝二、岩波新書、二〇〇五年
『労働ダンピング』中野麻美、岩波新書、二〇〇六年
『偽装請負』朝日新聞特別報道チーム、朝日新書、二〇〇七年
『職場砂漠』岸宣仁、朝日新書、二〇〇七年
『生きさせろ！』雨宮処凛、太田出版、二〇〇七年
『ワーキングプアの大逆襲』設楽清嗣・高井晃・関根秀一郎ほか、洋泉社、二〇〇七年
『雇用融解』風間直樹、東洋経済新報社、二〇〇七年
『格差社会の構造』森岡孝二編、桜井書店、二〇〇七年
『新自由主義の犯罪』大門実紀史、新日本出版社、二〇〇七年
『労働ビッグバン』牧野富夫編著、生熊茂実・今村幸次郎・藤田宏、新日本出版社、二〇〇七年
『過労自殺と企業の責任』川人博、旬報社、二〇〇六年
「請負労働の法政策」濱口桂一郎／『電機連合ＮＡＶＩ』二〇〇七年三月号

『三井地獄からはい上がれ』増子義久、現代史出版会、一九七五年
『燃やしつくす日日』上野英信、径書房、一九八五年
『去るも地獄　残るも地獄』鎌田慧、ちくま文庫、一九八六年
『炭じん爆発』原田正純、日本評論社、一九九四年
『閉山』奈賀悟、岩波書店、一九九七年
『ヤマは消えても』木村英昭、葦書房、一九九七年
「自衛隊にも『レンタル移籍』」水島朝穂／「平和憲法のメッセージ」(http://www.asaho.com)、二〇〇七年
「防衛庁名簿収集問題とメディア」大治朋子／『世界』二〇〇〇年三年八月号、岩波書店
『厚生省五十年史』記述篇、厚生省五十年史編集委員会編、財団法人厚生問題研究会、一九八八年
『厚生省二十年史』厚生省二十年史編集委員会編、厚生問題研究会、一九六〇年
「戦時にいたる『人的資源』をめぐる問題状態」桜田百合子／『長野大学紀要』第九号、一九七九年
『編集復刻版　性と生殖の人権問題資料集成』第15巻〜第26巻〈優生問題・人口政策編1〜12〉、不二出版、二〇〇〇年〜二〇〇二年
『生命論』永井潜、洛陽堂、一九一三年
『日本の優生学』鈴木善次、三共出版、一九八三年
『日本精神病医療史』岡田靖雄、医学書院、二〇〇二年
『優生学と人間社会』米本昌平・松原洋子・橳島《ぬで》次郎・市野川容孝、講談社現代新書、二〇〇〇年
「〈文化国家〉の優生法」松原洋子／『現代思想』一九九七年四月号、青土社
「戦時下の断種法論争」松原洋子／『現代思想』一九九八年二月号、青土社

「中絶規制緩和と優生政策強化」松原洋子／『思想』第八八六号、岩波書店、一九九八年
『時代がつくる「狂気」』芹沢一也編著、朝日新聞社、二〇〇七年
『日本ファシズムと優生思想』藤野豊、かもがわ出版、一九九八年
『「いのち」の近代史』藤野豊、かもがわ出版、二〇〇一年
『厚生省の誕生』藤野豊、かもがわ出版、二〇〇三年
『朝鮮ハンセン病史――日本植民地下の小鹿島』滝尾英二、未來社、二〇〇一年
『ハンセン病問題に関する検証会議　最終報告書』上下、日弁連法務研究財団ハンセン病問題に関する検証会議編、明石書店、二〇〇七年
『ハンセン病重監房の記録』宮坂道夫、集英社新書、二〇〇六年
『人生に絶望はない』平沢保治、かもがわ出版、一九九七年
『いのちの森を守る』小暮正夫、佼成出版社、二〇〇三年
『優生保護法が犯した罪』優生手術に対する謝罪を求める会編、現代書館、二〇〇三年
『詳解　改正優生保護法』高橋勝好、中外醫學社、一九五二年
「断種への旅」Ⅰ～Ⅲ　古川和子／『福祉労働』一九九八年夏号～九九年冬号、現代書館
『性の歴史学』藤目ゆき、不二出版、一九九七年
「現代日本人口政策史小論」（2）廣嶋清志／『人口問題研究』第一六〇号、国立社会保障・人口問題研究所、一九八一年
『第二回人口問題全国協議会報告書』人口問題研究会編、刀江書院、一九三九年

あとがき

本書の序章でも述べたように、私が「人的資源」の歴史を調べるきっかけとなったのは、自衛隊内のいじめが原因で自殺した自衛官の母親、鈴木佳子さん（仮名）から、「人的資源」という言葉が国家総動員法に使われていると知らされたことでした。

それまで私は昭和史に関する本や有事法制についての本などで、国家総動員法の概略は知っており、資料として同法の条文にも目を通したことはありました。しかし、国家総動員法の第一条に「人的及物的資源」として明記されている事実は、まったく頭のなかに入っていませんでした。

ですから、取材で鈴木佳子さんと初めてお会いしてインタビューをしたときに、「気がかりな言葉があります。それは『人的資源』という言葉です」「人間を資源というのはおかしい。自衛官を使い捨てにするような発想が表れていると思います」という佳子さんの発言を聞き、確かに「人的資源」とは疑問を抱かせる言葉だ、何か問題が潜んでいるのではないか、と直観的に思いはしましたが、国家総動員法とのつながりにはまったく気づかなかったわけです。

それはやはり、自分自身に「人的資源」に対する問題意識がなかったからで、国家総動員法の条文を資料として読んでいても、「人的及物的資源」という言葉は頭のなかを素通りしていたのです。

「人的資源」と国家総動員法のつながりについて佳子さんから知らされて、この問題の持つ意味、奥深さに気づくと同時に、私は非常に反省しました。問題意識がなければ、重大な事実が目にとまらず、その事実に内包される問題の重要性にも気づけません。見過ごしてしまいます。あらためて、問題意識を持つことの大切さを思い知らされました。

そして、取材で出会った当事者の切実な言葉から学ぶことの大切さを再認識しました。当事者の人たちが向き合うことを余儀なくされた現実のなかで、身にしみて感じとったもの、つかみとったものに根ざす言葉は、問題の本質を鋭く突いています。そのような言葉に学びながら自らの問題意識を磨いてゆきたいと思います。

本書の取材と執筆にあたり、多くの方々のお世話になりました。

鈴木洋二さん（仮名）佳子さんご夫妻、真田良さん、故泉谷迪さん、上段のり子さん、西邑仁平さん、平沢保治さん、渡辺鋼さんには、お一人ひとりのご経験に根ざした、意義深いお話を聞かせていただき、多大なご教示をいただきました。それぞれのお言葉に深く考えさせられ、本書のテーマを掘り下げてゆく道筋を示していただきました。鈴木佳子さんには、「人的資源」の問題の重大さに目を向けるきっかけをつくっていただきました。

インタビューに応じていただいた派遣労働者の皆さん、CO中毒被害者の元炭鉱労働者の奥さんには貴重なお話を聞かせていただき、本書のテーマを掘り下げてゆく道筋を示していただきました。

「さわぎり裁判」の原告弁護団と支える会の皆様にも、貴重な資料をご提供していただくなど、まことにお世話になりました。また、西邑仁平さんのご長男の紘さんにも取材にご協力していただきました。

本書は、月刊誌『望星』（東海教育研究所）二〇〇七年一一月号～〇九年四月号に連載した「人が〝資源〟と呼ばれる時代に」の記事を元に加筆修正したものです。『望星』編集長の岡村隆さんには、「人的資源」の問題について示唆に富むご助言をいただき、一年半にもわたる連載の取材・執筆に対してご理解とご支援をいただきました。

また、同じ題名の連載記事を「アジアプレス・ネットワーク」（インターネット上のウェブ・ジャーナル）にも発表し、それを元に加筆修正しました。編集長の石丸次郎さん、編集部のアジアプレス大阪の皆さん、アジアプレス東京の井部正之さんには、連載中ご支援をいただきました。

月刊『現代』（講談社）二〇〇八年一月号掲載の記事「１０３歳『赤紙配達員』の述懐」の一部も、本書に含めました。当時の『現代』編集長、髙橋明男さん、編集部員の片寄太一郎さんには、ご理解とご支援をいただきました。

現代書館の村井三夫さんには、本書のテーマに深いご関心をお寄せいただくとともに、出版企画の実現から刊行にいたるまでご尽力していただきました。

あらためて皆様に心より感謝申し上げます。

二〇一〇年三月一八日

吉田敏浩

吉田敏浩（よしだ・としひろ）
一九五七年、大分県臼杵市生まれ。ジャーナリスト。アジアプレス・インターナショナルの一員。一九七七年より、ビルマ、タイ、アフガニスタンなどアジアの多様な民族世界を訪ねる。八五年三月から八八年一〇月まで、ビルマ北部のカチン州とシャン州を長期取材。その記録をまとめた『森の回廊』（NHK出版）で、九六年に第二七回・大宅壮一ノンフィクション賞を受賞。
近年は主に、現代日本社会における生と死の有り様、戦争のできる国に変わるおそれのある日本の現状を取材している。
著書：『宇宙樹の森』（現代書館）
『北ビルマ、いのちの根をたずねて』（めこん）
『生命の森の人びと』（理論社）
『夫婦が死と向きあうとき』（文春文庫）
『生と死をめぐる旅へ』（現代書館）
『民間人も「戦地」へ　テロ対策特別措置法の現実』（岩波ブックレット）
『ルポ　戦争協力拒否』（岩波新書）
『反空爆の思想』（NHKブックス）
『密約　日米地位協定と米兵犯罪』（毎日新聞社）

人を〝資源〟と呼んでいいのか
――「人的資源」の発想の危うさ――

二〇一〇年四月十五日　第一版第一刷発行

著　者　吉田敏浩
発行者　菊地泰博
発行所　株式会社 現代書館
東京都千代田区飯田橋三―二―五
郵便番号　102-0072
電　話　03(3221)1321
FAX　03(3262)5906
振　替　00120-3-83725

組　版　日之出印刷
印刷所　平河工業社（本文）
東光印刷所（カバー）
製本所　ブロケード
装　丁　中山銀士

校正協力・西川亘
 ISBN978-4-7684-5624-8

http://www.gendaishokan.co.jp/